サイバーセキュリティと国際法の基本

—国連における議論を中心に—

赤堀　毅

東信堂

はじめに

　サイバー空間は無法地帯か。サイバー攻撃のニュースに触れる度に、我々は最新のセキュリティソフトがパソコンにインストールされていることを確認したり、パスワードを更新したり、講習を受けたりして自衛策を講じる。しかし、どこかで、最後は専門性の高いハッカーや国家機関には敵わないという諦めの境地に達していないであろうか。

　サイバーセキュリティと国際法に関する議論は、国際法違反のサイバー行動は何か、そして、国際法違反のサイバー行動の被害を受けた国家や個人がとることのできる対応手段は何かを整理することによって被害国・被害者が泣き寝入りをしなくて済むようにするために行うものであると考える。そして、それ以上に重要なのは、被害者がとることのできる合法的な対応手段を明確化することによって違法なサイバー行動を抑止すること (実施を思いとどまらせること) である。国際法は、基本的には国家対国家の権利義務関係を規律するが、決して個人と無関係ではない。国家を構成する国民が自然人からなっている以上、国際法上の国家の義務も権利も自然人とつながっている。また、国際人道法や国際人権法は個人を守るためのものである。外国によるサイバー攻撃から自衛隊を含む日本政府の機関がどのように日本国、重要インフラ、日本国民を守ることができるのかについて考える上でも国際法の理解が必要である。

　本書は、国際法の専門家以外の方にも読んでいただきたい。そのため、国際法外交雑誌第 120 巻第 4 号 (2022 年 1 月) に掲載された拙稿「サイバーセキュリティと国際法」の内容をなるべくわかりやすく発展させた。それでも紙幅

の都合上、説明が尽くせない部分があることをご理解いただきたい。また、国際法の知識がある読者にはくどい記述があるかもしれないがそこは読み飛ばしていただきたい。さらに、国連における議論を中心として政府の代表（主に外交官）の間で行われている議論の全体像を紹介したいので、論点ごとの徹底的な分析がなされていない点もご理解いただきたい。

　2019 年から 2021 年にかけて、国連総会決議に基づいて設置された二つの会議が並行してサイバーセキュリティに関する議論を行った。国家にとっては、サイバーセキュリティとは、概ね、国家や非国家主体による情報通信技術を利用した悪意のある行動から国家（電子情報、情報システム、情報通信ネットワーク、国民、領域、行政機能、経済、重要インフラなど）を守ることを意味する。すべての国連加盟国に開かれたオープンエンド作業部会（OEWG）[1] が 2021 年 3 月に、そして、国連事務総長の委嘱を受けた 25 名の委員からなる第 6 次政府専門家グループ（GGE）[2] が同年 5 月にそれぞれ報告書をコンセンサス採択した。コンセンサス採択とは、議長が会議に出席するいずれの代表にも異議がないことを確認し無投票で採択する方式（adoption without a vote）である。投票で全代表が賛成の意思表示をする全会一致（unanimity）とは異なる。

　2021 年 12 月 6 日、国連総会は決議 76/19 をコンセンサス採択し、国連加盟国に対し、情報通信技術（ICT）の利用の際には 2021 年の OEWG 報告書と 2021 年の GGE 報告書の双方に導かれるように要請した。2021 年 OEWG 報告書及び 2021 年 GGE 報告書（第 6 次 GGE 報告書）はサイバーセキュリティ分野において当面国連加盟国が依拠すべき基本文書であり、国際法やサイバーの専門家にとっても有益な資料になると思われる。

　筆者は GGE の委員の一人として GGE に最初から最後まで参加するとともに、OEWG にも日本政府の代表として深く関与し、両会議の議論に貢献することができた。両報告書とも、サイバーセキュリティを巡る情勢認識、「行動規範」、サイバー行動に適用される国際法、信頼醸成措置、能力構築及び今後の議論の制度的枠組みを主な内容としている。しかし、「行動規範」及び国際法については GGE においては相対的に深まった議論が行われ、その内容が報告書に一部反映されたのに対し、OEWG では国連における過去

の議論で積み重ねられてきた基本的な共通認識が再確認されたに過ぎないという違いがある。なお、Ⅲで詳しく説明するが、2015 年 GGE 報告書以来、GGE において「規範(norm)」という用語を用いる場合、任意の拘束力のない行動規範のことを指している。そこで、本書においては国際法上の規範との区別を明確にするため、GGE 報告書の「規範」を「行動規範」と記す。

すでに 2021 年から 2025 年までの 5 年間を任期とする第 2 次 OEWG が立ち上がり、活動している。また、2021 年 3 月の OEWG 報告書採択の前から、自由民主主義諸国を中心に、議論のための議論は終わりにして、小型武器の行動計画を参考に、サイバーセキュリティに関する行動計画(PoA)を策定し、履行を確保しようという動きが始まった。そのような中、国連におけるサイバーセキュリティと国際法に関する議論はひとつの到達点を迎えたと言えるので、このタイミングで関連の書物を残すことは有意義であると考える。なお、本書は本来業務に支障のない範囲で執筆したことを申し添える。

本書では、サイバーセキュリティと国際法に関する国際的な議論の現状につき、主として第 6 次 GGE 報告書に記された国際法の適用及び「行動規範」に関する内容を整理し、その結論に至る議論を可能な範囲で紹介したい。GGE は非公開であるが、GGE 委員が会議の場で表明したのとほぼ同様の立場を委員の出身国の政府は OEWG の公式会合でも公表しているので、一部引用する。対比のため、OEWG の結論や議論の一部にも触れる。また、各国の立場については、GGE 委員の出身国政府が任意に提出した国際法の適用に関する国別見解[3]も活用する。日本の立場については 2021 年 5 月末に国連に提出した「サイバー行動に適用される国際法に関する日本政府の基本的な立場」(以下「日本の基本的立場」)の内容を紹介する。さらに、いくつかの論点についてはタリン・マニュアル 2.0 での扱いを参照する[4]。本書の参考資料として巻末に①第 6 次国連サイバー GGE 報告書(2021 年)抜粋、②サイバー行動に適用される国際法に関する日本政府の基本的な立場(全文)、③武力行使及び自衛権に関する第 6 次 GGE 参加国の見解、④第 4 次国連サイバーGGE 報告書(2015 年)抜粋、⑤第 3 次国連サイバー GGE 報告書(2013 年)抜粋を掲載するので参照をお願いしたい。

　本書は筆者が個人の資格で執筆したものであり、表明された見解は筆者の所属する日本国外務省の見解を示すものではない。日本国政府が締結した国際約束に当たらない文書の和訳は外務省の確認を得たものではない。インターネット上の資料への最終アクセス日はすべて 2023 年 1 月 15 日である。

目次／サイバーセキュリティと国際法の基本——国連における議論を中心に——

サイバー関係基本用語

インシデント

中断・阻害、損失、緊急事態又は危機になり得る又はそれらを引き起こし得る状況のこと。IT 分野においては、システム運用やセキュリティ管理等における保安上の脅威となる現象や事案を指すことが多い。

インターネット

世界中のコンピュータなどの情報機器をケーブルや無線などを使って接続し情報のやりとりを可能にするネットワーク。

インターネットのパブリック・コア

サイバースペースの安定性に関するグローバル委員会が策定した代表的な規範が「国家および非国家主体は、インターネットのパブリック・コアの全体的な可用性または完全性、そしてそれによってサイバースペースの安定性に大幅な損害を意図的に与えるような活動を行ったり、そのような活動を故意に許したりしてはならない。」というものである。同委員会によるインターネットのパブリック・コアの定義は「パケットのルーティングと転送、命名・採番システム、セキュリティとアイデンティティの暗号化メカニズム、伝送媒体、ソフトウェア、データセンターなどのインターネットに関するインフラの重要な要素を含むもの」である。(同委員会最終報告書 (2019 年) 日本語版より)

クラウドコンピューティング

インターネット上のネットワーク、サーバー、ストレージ、アプリケーション、サービスなどを共有化して、サービス提供事業者が、利用者に容易に利用可能とするモデル。クラウドコンピューティングには主に仮想化技術が利用されている。

クラウドサービス

クラウドコンピューティングの形態で提供されるサービス。クラウドサービスでは、利用者は最低限の環境 (コンピュータや携帯端末、その上で動く Web ブラウザ、インターネット接続環境など) を用意することで、コンピュータのハードウェア、ソフトウェア、データなどを、自身で保有・管理しなくてもさまざまなサービスを利用できる。

サーバー

ネットワーク上で情報やサービスを提供するコンピュータのこと。逆に、サーバーに対して、情報やサービスを要求するコンピュータをクライアントと言う。例えば、インターネットでは、Web サーバーやメールサーバー、DNS サーバーなどが使用されている。

サイバー

　サイバー空間（Cyberspace）という言葉は 1940 年代に初めて使用された cybernetics（人間に代替する目的で設計される機械・電子システムの研究）を 1980 年代に SF 小説家が更に発展させたものであるとされている。その後、サイバー（cyber）はインターネット関連の事象を形容する接頭辞として使われるようになったとされている。

サイバーセキュリティ

　一般的には、コンピュータ、ネットワークの安全性及び信頼性の確保のために必要な措置が講じられ、その状態が適切に維持管理されていること。国家にとっては、国家安全保障の確保のための取り組みの一部を構成し、概ね、国家や非国家主体による情報通信技術を利用した悪意のある行動から国家（電子情報、情報システム、情報通信ネットワーク、国民、領域、行政機能、経済、重要インフラなど）を守ることを意味する。

　日本のサイバーセキュリティ基本法（平成二十六年法律第百四号）では次の定義が置かれている。

　第二条　この法律において「サイバーセキュリティ」とは、電子的方式、磁気的方式その他人の知覚によっては認識することができない方式（以下この条において「電磁的方式」という。）により記録され、又は発信され、伝送され、若しくは受信される情報の漏えい、滅失又は毀損の防止その他の当該情報の安全管理のために必要な措置並びに情報システム及び情報通信ネットワークの安全性及び信頼性の確保のために必要な措置（情報通信ネットワーク又は電磁的方式で作られた記録に係る記録媒体（以下「電磁的記録媒体」という。）を通じた電子計算機に対する不正な活動による被害の防止のために必要な措置を含む。）が講じられ、その状態が適切に維持管理されていることをいう。

　米国には国土安全保障省の下にサイバーセキュリティ・インフラセキュリティ庁（Cybersecurity and Infrastructure Security Agency（CISA））が設置されているが、サイバーセキュリティに関する同庁の任務は、国土安全保障省の任務の一環として、経済及び国民生活の基盤を提供するサービスを害するサイバー事案に対するサイバー空間の安全及び強靱性を強化することである。

サイバー攻撃

　一般的には違法な又は悪意のあるサイバー行動（cyber operation）のこと。タリン・マニュアル 2.0 規則 92 では、「サイバー攻撃」は国際人道法の「攻撃」に該当する場合の狭い意味で用いられている。本書では一般的な意味で用いる。

サプライチェーン

　取引先との間の受発注、資材の調達から在庫管理、製品の配達まで、いわば事業

活動の 川上から川下に至るまでのモノや情報の流れのこと。IT 機器やソフトウェアの製造過程でマルウェアに感染させたり、バックドアを仕込んだりしておくことなどをサプライチェーン攻撃という。

重要インフラ

他に代替することが著しく困難なサービスを提供する事業が形成する国民生活及び社会経済活動の基盤であり、その機能が停止、低下又は利用不可能な状態に陥った場合に、国民生活又は社会経済活動に多大なる影響を及ぼすおそれが生じるもの。日本政府の重要インフラ行動計画では、重要インフラ分野として、「情報通信」「金融」「航空」「空港」「鉄道」「電力」「ガス」「政府・行政サービス(地方公共団体を含む)」「医療」「水道」「物流」「化学」「クレジット」及び「石油」の 14 分野が特定されている。

パケット

ネットワークを通して送信されるデータを分割する際に使われる単位のこと。たとえば、ファイルを他のコンピュータに送信する際には、ファイルのデータをいくつかのパケットに分割して送信される。

バックドア

外部からコンピュータに侵入しやすいように、"裏口"を開ける行為やその裏口のこと。バックドアがしかけられてしまうと、インターネットからコンピュータを操作されてしまうなどの可能性がある。

標的型攻撃

標的を絞り、攻撃であることを相手に気付かせないよう、巧みに偽装した攻撃メールを送り込む攻撃をいう。

フィッシング (phishing)

実在するクレジットカード会社や銀行などを装った内容のメールを無作為に発信して、メールの受信者に偽の Web サイトにアクセスするように仕向け、個人情報を騙し取ること。

ポートスキャン

対象サーバーがどのポートを使っているかを順次調査すること。攻撃や不正アクセスに先立って行われることが多い。

ホスト

ネットワークに接続されているルーター、パソコン、サーバーなどのすべての機器それぞれのこと。

ボット

インターネットを介した攻撃者の命令に基づき動作するプログラムであり、大量のスパムメールの送信や他のサーバーへのサービス不能攻撃(DoS 攻撃)などを行う。

マルウェア

「Malicious Software（悪意のあるソフトウェア）」の略。さまざまな脆弱性や情報を利用して攻撃をするソフトウェアの総称である。

ランサムウェア

「Ransom（身代金）」と「Software（ソフトウェア）」を組み合わせて作られた名称。コンピュータウィルスの一種である。このウィルスに感染するとパソコン内に保存しているデータを勝手に暗号化されて使えない状態になったり、スマートフォンが操作不能になったりする。また、感染した端末の中のファイルが暗号化されるのみではなく、その端末と接続された別のストレージも暗号化される場合もある。そして、その制限を解除するための身代金を要求する画面を表示させるというウィルスである。

APT

「Advanced Persistent Threat（高度で持続的な脅威）」の略。高度で持続的な脅威となるサイバー攻撃又はそのような攻撃の行為主体。公安調査庁の「サイバー空間における脅威の概況 2022」には、欧米政府の公表に準拠し「欧米政府によって特定・公表された APT 集団と国家機関のつながり」の主要例として次の APT が掲載されている。中国人民解放軍関連の APT1（Comment Panda）。中国国家安全部関連の APT41（Wicked Panda）。ロシア連邦軍参謀本部情報総局（GRU）関連の APT28（Fancy Bear）及び Sandworm（Black Energy）。北朝鮮偵察総局関連の Lazarus（APT38）。Lazarus は金正恩暗殺計画をテーマとした映画「ザ・インタビュー」を制作したソニーピクチャーズのシステム破壊・情報窃取（2014 年）を行ったことで有名。2022 年 10 月、警察庁等は Lazarus に関する注意喚起を発出している。

CERT/CC

「Computer Emergency Response Team/Coordination Center」の略（サートシーシー）。サイバー攻撃情報やシステムの脆弱性関連情報を収集・分析し、関係機関に情報提供等を行っている非営利団体の一般的な名称。複数の国で設立されており、日本には JPCERT/CC が設置されている。

CSIRT

一般的に、CSIRT は「Computer Security Incident Response Team 」の略（シーサート）。企業や行政機関等において、情報システム等にセキュリティ上の問題が発生していないか監視するとともに、万が一問題が発生した場合にその原因解析や影響範囲の調査等を行う体制のこと。

DDoS（分散型サービス不能）攻撃

「Distributed Denial of Service 攻撃」の略。複数のコンピュータから攻撃対象としたネットワークやコンピュータに大量のデータを送り込むことによって負荷をかけるなどの方法で、サービスを提供できない状態にする攻撃。

DNS

「Domain Name System（ドメイン・ネーム・システム）」の略。"mofa.go.jp."などのドメイン名を IP アドレスに変換する仕組みのこと。

インターネットに接続されたコンピュータは、数字で構成される IP アドレスで通信を行うが、ドメイン名は IP アドレスとは異なり、"mofa.go.jp."のような文字列で記述できるため、人間にとって扱いやすいことから、ドメイン名と IP アドレスとの対応付けを行う DNS という仕組みが作られた。DNS のいわば頂点に位置する DNS ルートサーバーは世界に 13 あり、日本では WIDE プロジェクトと JPRS が M ルートサーバーを共同運用している。他は米国に 10、スウェーデンに 1、オランダに 1 あるのみである。

DoS（サービス不能）攻撃

「Denial of Service 攻撃」の略。ホストの処理量や通信量を増加させたり、ソフトウェアの脆弱性や設定の不備を悪用したりして、ホストの機能を低下あるいは停止させることを意図した攻撃。また、ネットワークを利用不可能な状態にする攻撃もある。

ICT

「Information and Communication Technology（情報通信技術）」の略。GGE 報告書ではサイバー空間のことを「ICT（情報通信技術）環境」、サイバー攻撃のことを「悪意のある ICT の利用」と表現している。本書で GGE 報告書を引用する場合、そのまま ICT と記している。IT は Information Technology（情報技術）の略。

IoT

「Internet of things（物のインターネット）」の略。あらゆる物がインターネットを通じて繋がることによって実現する新たなサービス、ビジネスモデル、又はそれを可能とする要素技術の総称。

IP アドレス

「Internet Protocol address」の略。コンピュータをネットワークで接続するために、それぞれのコンピュータに割り振られた識別番号（アドレス）のこと。パケットの発信元や送信先を指定するときに用いられる。0 〜 255 までの数字を 4 つ組み合わせたアドレス体系は、IPv4（アイ・ピー・ブイフォー）と呼ばれる。6 つの数字からなるアドレス体系は IPv6 と呼ばれる。

略語表

APT	Advanced Persistent Threat	高度で持続的な脅威
CISA	Cybersecurity and Infrastructure Security Agency	国土安全保障省サイバーセキュリティ・インフラセキュリティ庁
CSIS	Center for Strategic and International Studies	戦略国際問題研究所
FBI	Federal Bureau of Investigation	連邦捜査局
GGE	Group of Governmental Experts	政府専門家グループ
ICRC	International Committee of the Red Cross	赤十字国際委員会
ICT	Information and Communication Technology	情報通信技術
IoT	Internet of things	物と物がインターネットを介してつながっていること
NAM	Non Aligned Movement	非同盟運動
OEWG	Open Ended Working Group	オープンエンド作業部会
PoA	Programme of Action	行動計画

サイバーセキュリティと国際法の基本

——国連における議論を中心に——

I　サイバーセキュリティと国際法に関する国際的な議論の経緯

1　サイバーセキュリティを巡る状況

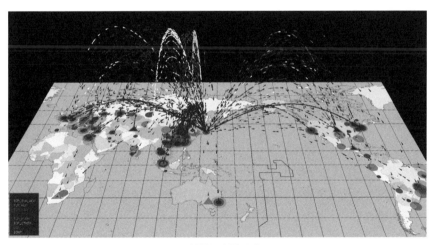

NICTER ATLAS

国立研究開発法人情報通信研究機構（NICT：エヌアイシーティー）サイバーセキュリティ研究室が2005年から無差別型サイバー攻撃の大局的な動向を把握することを目的としたサイバー攻撃観測・分析システム NICTER を用いて、ダークネットと呼ばれる未使用の IP アドレスを大規模に観測している。写真は、ダークネットに到達したパケットを観測し世界地図上にアニメーション表示する可視化エンジン「NICTER　ATLAS」。ウエブサイトで誰でも見ることができる。国立研究開発法人情報通信研究機構（NICT）提供

　2020 年 1 月 23 日、筆者は東京で行われた第 2 回日本・ウクライナ・サイバー協議に参加した。日本側報道発表には、両国は、サイバー分野における両国の戦略や体制を紹介しつつ、情勢認識や具体的な取組について意見交換を行ったと記されている。ウクライナ側報道発表には、両国は双方が懸念を

有するサイバー脅威への闘いのための二国間サイバーセキュリティ協力を強化することを再確認したと記されている。この協議は筆者がサイバー政策担当大使として参加した2国間サイバー協議の中で最も学ぶところが大きかった協議の一つである。

2022年2月、ロシアが国連憲章を含む国際法に違反してウクライナを侵略した。予想通り、直前からサイバー攻撃を激化させた中での物理的な侵攻であったとされている。まず、1月15日の時点でマイクロソフト社がウクライナの組織に対して破壊的マルウェア攻撃が行われていることを積極的に公表した。2月26日には米CISA（国土安全保障省サイバーセキュリティ・インフラセキュリティ庁）が公式に注意勧告を発出した。マイクロソフト社は、6月22日に「ウクライナ防衛：サイバー戦争の初期的な教訓」（Defending Ukraine: Early Lessons from the Cyber War）を公表し、サイバー戦争に対する「新たな形の集団防衛が必要となっている。この戦争は、サイバー大国であるロシアを諸国家の同盟に対峙させているだけではない。ウクライナのサイバー防衛は国家、企業、NGOの連合に死活的に依存しているのである。」と指摘している。

2021年5月に第6次GGE報告書が出て1年と経たないうちに、誰の目にもわかる典型的な（伝統的な部隊と兵器を用いて他国の領土に対して武力攻撃を行う）侵略に「付随して」あるいは侵略の「着手として」サイバー攻撃が本格的に展開された。その全貌はなかなか明らかにならないであろうし、個別のサイバー攻撃を誰が仕掛けたかを特定すること、それがロシア国家に帰属するかどうかを判断することは簡単ではないかもしれない。伝統的な兵器による人的・物的破壊行為がおびただしいので、ロシアに対する責任追及においてサイバー攻撃による被害に対する損害賠償請求は脇役にとどまるかもしれない。ウクライナが国際司法裁判所に最初に提出した訴状にはサイバーという用語はあるが、ロシアによるサイバー行動自体の違法性を主張している内容はない。しかし、ロシアによるウクライナ侵略に関連して行われたサイバー行動をGGE報告の内容に照らして評価する作業はいずれしっかりと行う必要があろう。

2021年5月7日、米国石油移送パイプライン大手のコロニアル・パイプ

ライン社は、ランサムウェアを含むサイバー攻撃を受け、すべてのパイプライン操作を一時的に停止したと発表した。5月9日、米国連邦捜査局（FBI）はコロニアル・パイプラインの機能障害の連絡を受け、同社と政府関係機関が緊密に連携していると発表した。翌日、FBI は（ロシアを本拠地とする）ダークサイドがコロニアル・パイプラインへの障害を引き起こしたことを確認し、捜査を継続中であることを発表した。5月13日の記者会見でバイデン米国大統領は、「コロニアル・パイプラインに対するランサムウェア攻撃はロシアの犯罪集団によるものであると考えられるがロシア政府が関与したとは考えていない。責任ある国家がこれらのランサムウェア網に対して断固たる行動をとることの重要性をロシアに直接伝えた。自国領域から犯罪活動が行われていることを知っている政府の対応につき国際基準のようなものを目指しており、プーチン・ロシア大統領との会談でも提起することを考えている。」という趣旨の発言を行った。同年6月16日、米露首脳会談後の記者会見でバイデン大統領は次のような発言を行った。

　「サイバーセキュリティの問題に時間を割いた。一定の重要インフラは、サイバー手段によっても他の手段によっても攻撃の対象としてはならないという提案について話した。エネルギーセクターや給水システムを含む、米国が重要インフラと特定した16分野のリストを渡した。責任ある国家は自国領域内からランサムウェア活動を行う犯罪者に対して行動する必要がある。我々（米露大統領）は、両国専門家に対し、何を攻撃してはならないかについての特定の理解を形成し、相手国領域内を起源とする特定の事例についてフォローアップすることを指示した。」

　同年4月、日本の警視庁は宇宙航空研究開発機構等を狙ったサイバー攻撃に関与したとして、中国共産党員の男を書類送検した。これについて、国家公安委員長は、サイバー攻撃が Tick と呼ばれるサイバー攻撃集団によって実行され、背景に中国人民解放軍が関与している可能性が高いと結論付けていることを発表した。4月21日、本件につき加藤勝信官房長官は「まずお尋ねについては昨日の記者会見で申し上げたとおりであり、現在関係機関について情報共有が図られ、今後の対応等について調整が行われているものと承

知をしております。また、中国との間に関してはさまざまな懸案が存在をしているわけでありまして、引き続き首脳会談等、ハイレベルな機会を活用して主張すべきはしっかり主張し、懸案を一つ一つ解決し、また中国側の具体的行動を強く求めていく、こういった姿勢で対応していきたいと考えています。」と発言した。

同事案について、筆者は外務省政府参考人として国会 (4月28日衆議院内閣委員会) において次のような答弁を行った。

「日本政府としては、本事案について大変重く受け止めております。自由、公正かつ安全なサイバー空間という民主主義の基盤を揺るがしかねない悪意のあるサイバー活動は看過できず、国家安全保障の観点からも強く懸念すべきものでございます。本事案を含め、我が国の国益を害するサイバー攻撃については断固非難し、厳しく取り組んでいく考えでございます。また、こうした日本側の考え方については、中国政府にしかるべく伝えております。政府といたしましては、今後も、同盟国、有志国とも連携し、自由、公正かつ安全なサイバー空間の創出、発展のため、また国民の安全、権利を保障するため、必要な対応を取っていく考えでございます。」

この時点では、個別のサイバー事案についての国会答弁はまれであった。

2021年7月の東京オリンピック開会の数日前、米英等は中国政府を背景に持つサイバー攻撃集団であるAPT40[5]等に関して非難声明を出した。日本政府も7月19日付で非難の外務報道官談話を出した[6]。

IoT、テレワーク、オンライン教育、遠隔医療等が進み、サイバー空間への人類の依存度が高まる中、国家主体・非国家主体による一層複雑・巧妙なサイバー攻撃が経済社会活動ひいては国家安全保障にとって大きな脅威となっている。すなわち、国際関係への影響や国際法との関係が生じている。

CSISは現在までの重大なサイバー攻撃をまとめた資料をウェブサイトに公表している。2022年12月現在版には78頁にわたり、各頁10数件の事案が簡潔に紹介されている。しかし、これらの事案は氷山の一角ですらない。国立研究開発法人情報通信研究機構サイバーセキュリティ研究所はNICTERという名のプロジェクトなどで恒常的にサイバー攻撃の趨勢を調査している。

表　年間総観測パケット数の統計（過去10年間）

年	年間総観測パケット数	観測IPアドレス数	1IPアドレスあたりの年間総観測パケット数
2012	約78.0億	190,276	53,206
2013	約128.8億	209,174	63,682
2014	約241.0億	212,878	115,335
2015	約631.6億	270,973	245,540
2016	約1,440億	274,872	527,888
2017	約1,559億	253,086	578,750
2018	約2,169億	273,292	806,877
2019	約3,756億	309,769	1,231,331
2020	約5,705億	307,985	1,849,817
2021	約5,180億	289,946	1,747,685

出典：NICTER観測レポート2021
国立研究開発法人情報通信研究機構サイバーセキュリティ研究所 サイバーセキュリティネクサス

　NICTERは無差別型サイバー攻撃の大局的な動向を把握することを目的としたサイバー攻撃観測・分析システムであり、ダークネットと呼ばれる未使用のIPアドレスを大規模に観測している。本来、未使用のIPアドレスに通信は届かないはずであるが、実際にはマルウェアに感染した機器によるスキャン活動など、サイバー攻撃に関連した通信が大量に届く。このダークネットで観測された通信の分析を通してサイバー攻撃の動向を把握し、新たな脅威の発見や対策の導出につなげることがNICTERの中心的なミッションである。

　2021年のNICTER観測レポート調査結果によれば、2021年は1IPアドレスあたりで年間約175万のサイバー攻撃関連パケットが観測されている。この値は、2019年の約1.4倍、2012年の約33倍である（表参照）。

　2021年9月に閣議決定された日本政府のサイバーセキュリティ戦略において示されている脅威認識が今日の状況をよく表しているので、そのまま紹介したい。

　　組織犯罪や国家の関与が疑われる攻撃が多く発生しており、海外では選挙に対する攻撃をはじめとする民主プロセスへの干渉や、サプライチェーンの弱点を悪用した大規模な攻撃、制御系システムを対象とした

攻撃をはじめ広範な経済社会活動、ひいては国家安全保障に影響を与え得るインフラへの攻撃が猛威を奮っている。

　また、テレワーク等の普及に伴い個々端末経由又は VPN 機器の脆弱性を悪用しネットワークに侵入されるケースや、クラウドサービスが攻撃の標的とされるケースが増加しているほか、ワクチンに関するニュースに関連したビジネスメール詐欺やフィッシングなどのコロナ禍に乗じたサイバー攻撃や、比較的対策が行き届きづらい海外拠点を経由した攻撃、匿名性の高いインフラを通じて行われる攻撃など、足元の環境変化をタイムリーに捉えたサイバー攻撃も現にみられている。

　これらに加えて、ばらまき型攻撃が2020年に入り急増するなど、標的型攻撃の被害は引き続き止んでいないほか、データ復元に加え窃取したデータを公開しない見返りの金銭要求も行ういわゆる「二重の脅迫」を行うランサムウェア、匿名化技術や暗号技術の悪用による事後追跡の回避など、従来の脅威が複雑化・巧妙化している。背景として、マルウェアの提供や身代金の回収を組織的に行うエコシステムが成立し、悪意のある者が高度な技術を持たなくても簡単に攻撃を行える状況が指摘されている。

　こうしたサイバー攻撃により、生産活動の一時停止、サービス障害、金銭被害、個人情報窃取、機密情報窃取など、経済社会活動、ひいては国家安全保障に大きな影響が生じ得る状況となっている。

2　1990 年代から 2019 年までの議論（5 回の GGE とタリン・マニュアル）

　サイバーセキュリティの問題は 1990 年代から国際的に認識されており、国連では 1998 年に議題（「情報セキュリティ」）となった。2004 年から 2017 年まで、国連サイバー GGE が 5 回設置され、2010 年（第 2 次）、2013 年（第 3 次）及び 2015 年（第 4 次）に報告書が作成された。（本書では、「2013 年報告書」は第 3 次 GGE 報告書を、「2015 年報告書」は第 4 次 GGE 報告書を指す。）

　また、2009 年に、エストニアの首都タリンに本部を置く NATO サイバー

防衛センター (CCDCOE)[7] の招請により、サイバー戦争を規律する国際法に関する研究を行う国際的な独立専門家グループが立ち上がった。同グループの作業の結果として、2013 年に Cambridge University Press から「サイバー戦に適用される国際法に関するタリン・マニュアル」(Tallinn Manual on the International Law Applicable to Cyber Warfare) が刊行された。同マニュアルは「有事」を対象としていたが、その後、「平時」におけるサイバー活動が諸分野の国際法の観点からどう評価されるかという新たな作業がなされた (中谷和弘・河野桂子・黒﨑将広、2018)。具体的には、2013 年、対象範囲に「平時」におけるサイバー行動を規律する国際公法を含める新たなイニシアティブが立ち上がった。同イニシアティブから、2017 年に Cambridge University Press から「サイバー行動に適用される国際法に関するタリン・マニュアル 2.0」(Tallinn Manual 2.0 on the International Law Applicable to Cyber Operations) が刊行された。

　CCDCOE は、2008 年 5 月に、エストニアを含む 7 か国の発案でエストニアの首都タリンに設置され、同年 10 月に北大西洋理事会で完全に承認されるとともに国際軍事機関の地位を与えられた。その構想は 2004 年からあったが、2007 年にエストニアに対して初めて政治的な動機に基づいたサイバー攻撃が行われたことが警鐘となり、その設置の必要性が認識されたということである。上述の CSIS の資料では同事案に関して次のように紹介されている。

　　「2007 年 5 月、エストニア政府のネットワークは、おそらくロシア政府の要請による、未知の外国人侵入者によるサービス拒否 (DoS) 攻撃を受けた。一部の政府オンライン・サービスは一時的に中断され、オンライン・バンキングは停止された。これらは壊滅的な攻撃というよりもサイバー暴動のようなものであり、エストニア人は非常にうまく対応した。しかし、これらの攻撃は米国のようなサイバー依存国に恐怖の波を引き起こした。」

　初めてタリン・マニュアル 2.0 を読んだとき、国連における国家間の議論がなかなか深まらないのと対照的に、その内容が包括的かつ詳細であること

を評価した。巻頭言には「想定している主たる読者層は政府の意思決定者に法的助言を行う責務を有する文民及び軍人の法律顧問」であると明記されている。そのような用途も視野に入れてか、「国際法は国家により作られ、国家が解釈するものである」との独立専門家グループの一致した考えもあり、オランダ政府の主催により、約 50 か国の政府の代表が非公式にコメントをする機会が設けられたとのことである。それにもかかわらず、同マニュアルはあくまでも「(2 回のタリン・マニュアル作成に携わった) 二つの国際専門家グループによる法の現状に関する意見の表明としてのみ理解されるべきである」という位置づけである。その注釈を文字通りとらえて、同マニュアルは政府間の議論においては何ら位置づけを持たないと述べる外交官もいた。しかし、筆者を含め、国連の議論に真剣に向き合う外交官はオンライン会議で「私もちゃんと読んでいるよ」「私は国際法の適用の議論を重視しているよ」と示すかのようにカメラに向かって同マニュアルをかざしながら交渉を行うこともあった。ある時、同マニュアルは西側の学者が作った一方的なもので参照に値しないというような主張をする者がいたので、筆者は、同マニュアルの作成に関与した国際法学者には NATO 加盟国出身者以外にも例えば日本の大学 (法律専門家として中谷和弘東京大学大学院教授)、韓国の大学 (ピアレビューに 2 名が参加)、中国の大学 (ピアレビューに 1 名が参加) の教授も含まれていることを指摘した。

　いずれにせよ、2019 年に第 6 次 GGE が開始されたとき、タリン・マニュアル 2.0 は国連におけるサイバー国際法の議論の遙か先を進んでいる感があった。第 6 次 GGE に触発されたためか、2021 年から 5 か年計画でタリン・マニュアル 3.0 の作成作業が始まっている。

3　第 6 次 GGE 交渉の経緯及び成功の要因

(1) サイバーセキュリティに関して国連で二つのプロセスが併存

　2016 年から 2017 年まで行われた第 5 次 GGE は報告書を採択できずに終わった。これをふまえて、ロシアは、すべての国連加盟国に開かれたオープンエ

第 6 次国連サイバー GGE 第一回会合（2019 年 12 月）

開会挨拶を行う中満泉国連事務次長（軍縮担当上級代表、左から 2 人目）。その右はパトリオータ第 6 次
GGE 議長。右端は委員の顔ぶれを見回す筆者。国際連合提供。

ンド作業部会（OEWG）を国連総会の下に設置する決議案を提出、同決議案は
2018 年 12 月に国連総会本会議で賛成多数で可決され決議 73/27 となった（日
米等は反対）。これに対抗して、米国は、第 6 次 GGE の設置を国連事務総長
に求める内容の総会決議案を提出した。同決議案はロシア決議案の数日後に
国連総会本会議で賛成多数で採択され決議 73/266 となった（ロシア、中国等は
反対）。これらの決議の成立の結果、2019 年から 2021 年までの間、国連の中
にサイバーセキュリティに関する議論の場（プロセス）が二つ併存することに
なった。決議採択前は OEWG が良いか GGE が良いかで対立があったが、両
方とも設置された後は、ほとんどの国は現実を受け入れ、両プロセスの重複
を避けつつ相互補完的に議論が進むことが重要との立場から交渉に臨んだ。

　二つのプロセスが併存することになったのはサイバー空間の秩序に関して
大きく分けて二つの立場があることに関連する。一つは、サイバー行動に既
存の国際法が適用されることを認め、サイバー行動に適用される国際法上の
権利義務を具体的に確認し、任意の「行動規範」も形成して、自由で開かれ
て安定したサイバー空間を守るべきであるとする日米欧豪などの立場である。

もう一つは、国家主権を重視し、領域国の権限を大幅に認めようとし（例えば治安維持目的で表現の自由やプライバシーに制約を課すことを可能にする）、そのためにサイバーに関する条約を作る必要がある、任意の「行動規範」もそのようなものにすべきであるとするロシアと中国などの立場である。この立場の国は既存の国際法がサイバー行動に適用される範囲を限定しようとする。

2018年11月8日の国連総会第1委員会における発言等を比較する。同委員会で、ロシアは、議論を新たな段階に進めるために全国連加盟国に開かれた作業部会を提案していることを説明し、米国が従来のGGE方式を提案しているのは交渉の建設的な進展を望まないからであり、国際情報安全保障の問題の解決を更に先送りする試みであると主張した。ロシア、中国、インド、パキスタンはサイバーに関する新条約の策定を重視している。ロシアは、GGE方式で既存の国際法の適用の議論が深まると新条約交渉開始の目標に逆行するので、議論を全国連加盟国に広げ、有利な展開につなげようと考えてOEWG設置を提案したと見ることができる[8]。

これに対し、米国は、第1委員会の同じ会合で、決議案の一本化の努力にロシアが応じなかった、上海協力機構の行動規範案の直接の引用がなくなるなど案文に一部改善が見られるが、受け入れられない表現が残っている、特に、国内問題に関するコンセンサスのない表現を引用していること、過去のGGE報告の内容をつまみ食いしつつOEWGの作業を予断していること、国際法セクションの文言と任意の「行動規範」の文言を混ぜており混乱を招きかねないことなどを指摘した。その上で、ロシア決議案への反対を表明し、米国決議案は基本的にロシアが累次GGEを設置するために従来提出していた決議案の内容を踏襲したものであると説明した。

同会合で、EUを代表して発言したオーストリアは、ロシア決議案は、①サイバー空間が法に支配されていないとの立場を支持しており国際法が適用されるという普遍的に合意された立場を損なう、②国家による責任ある「行動規範」への共通のコミットメントを弱める、③国家主権を不当に強調しており、国内インターネットへのアクセス及びコンテンツへの国家管理を強めてオンラインの人権を弱めるリスクが避けられない、④過去のGGE報告の

提言を選択的に引用し OEWG の議論を予断しているなどと指摘し、賛成できないと述べた。日本は、過去の GGE の成果に立脚してバランスのとれた提案を含む米国決議案を支持したこと、及びいずれ二つの取組が統合されるべきであるとの考えを述べた。

　OEWG は、2019 年 9 月に第 1 回公式セッション、2020 年 2 月に第 2 回公式セッションを通常（対面）形式で国連本部（ニューヨーク）において行った後、複数回の非公式オンライン会合を経て、2021 年 3 月の第 3 回（最終）公式セッションを対面とオンラインを併用するハイブリッド形式で行った。OEWG はその名前のとおりすべての国連加盟国に開放されていたが、実際に参加したのは 60 か国程度であった。そのうち、議長の報告書案に具体的なコメントを提出したのは 45 か国程度であった。新型コロナ（COVID-19）・パンデミックの影響もあり、第 2 回公式セッションの後 1 年間余り非公式オンライン会合の形で交渉が行われたため、通常であれば議場や議場周辺で行われる妥協に向けた接触・非公式協議等ができなかった。また、非公式なので、発言内容は明示的に事務局に要望しない限り公開されない扱いとなった。このようなこともあり、OEWG 報告書は、期限内にまとまるのは難しい見通しであった。そのような中、議長は、報告書の構成について大胆な提案を行った。まず、3 月初めの段階で、本文に、一致点とさらに議論を要する点を分けて書く方式を提案した。これに対する反対論が多く出されると、議長は、最終セッションで、三つの文書を作成することを提案した。具体的には、①一致点のみが書かれる報告書、②各国が表明した立場を議長の責任でまとめた議長サマリー、そして、③報告書採択に当たって各国が行う立場表明をとりまとめた文書の三つである。議長サマリーとされる部分についてはすでに妥協の産物の表現も多く残る形だったので、本来は好ましいことではなかったが、最終セッションでは①の短い文書の内容の議論が一気に加速しコンセンサスが成立した。

　第 6 次 GGE に関しては、アントニオ・グテーレス国連事務総長は、米国、英国、フランス、中国、ロシア、ドイツ、エストニア、ブラジル、インド、日本、メキシコ、ケニア、インドネシア、オーストラリア、オランダ、南ア

フリカ、カザフスタン、スイス、ヨルダン、ウルグアイ、シンガポール、ノルウェー、モーリシャス、モロッコ、ルーマニアの 25 か国出身の政府専門家を個人の資格で委員に任命した。男女ほぼ同数であった。国名は GGE に委員を出した回数の多い順である。すべての常任理事国が全 6 回委員を出してきた。第 6 次 GGE 委員のうち、米国、英国、オーストラリア、EU 加盟国、日本、シンガポール、メキシコが同志国グループを形成し、交渉戦術の調整を行った。OEWG に対応するより大きな同志国グループも形成した。第 6 次 GGE 委員を出している国の中で、インド、インドネシア、ヨルダン、ケニア、モロッコ、シンガポール、南アは非同盟運動（NAM）構成国である。ブラジル、中国、カザフスタン、メキシコ、ウルグアイは NAM オブザーバー国である。非同盟運動とは、東西冷戦時代、米国とソ連のいずれの陣営にも属さない国の集まりとして発足したが、今日でも国連における政治・安全保障分野でまとまって行動する約 120 か国の一大勢力である。なお、気候変動などの経済社会分野では G77 プラス中国という約 140 か国の交渉グループが存在する。第 6 次 GGE 議長はパトリオータ在ムンバイ・ブラジル総領事が務めた。第 4 次 GGE も議長もブラジル出身であった。NAM オブザーバーのブラジルは十分中立的であると考えられたのであろう。これらの 25 か国は OEWG においても（多くの場合 GGE 委員本人が参加して）議論を主導した。

　2019 年 12 月から 2021 年 5 月まで、4 回の公式セッションと 3 回の非公式セッションが行われた。まず、第 1 回は 2019 年 12 月 9 日から 13 日まで国連本部（ニューヨーク）で行われた。第 2 回は 2020 年 2 月 24 日から 28 日まで国連欧州本部（ジュネーヴ）で行われた。筆者が国連欧州本部で外交交渉に参加するのは人生初めてのことであった。ジュネーヴのパレ・デ・ナシオン（仏語で「諸国家の宮殿」の意味）はかつての国際連盟本部が国連に引き継がれたものである。国際連盟で常任理事国であった頃の日本の外交官の活躍を想像し、若干感慨を覚えながら交渉に参加した。しかし、ちょうどその頃、新型コロナの拡大がイタリアからスイスに届いた頃であった。中国出身の委員は不参加で在ジュネーヴ代表部の職員が代理出席であった。新型コロナ・パンデミックの影響で対面のセッションはその回が最後となり、第 3 回公式セッ

ションは 2021 年 4 月 5 日から 9 日までオンラインで、第 4 回公式セッションは 2021 年 5 月 24 日から 28 日までオンラインで開催された。非公式セッションは 2020 年 8 月から 2021 年 1 月の間にオンラインで 3 回行われた。これらを合計すると 34 日間、150 時間程度の議論が行われた。交渉テキストは議長が会議事務局（日本人の中満泉氏がトップを務める国連事務局軍縮部にあるサイバー・チーム ⁹）の支援を得て作成した。2020 年 2 月に要素一覧表、同年 8 月に「行動規範」と信頼醸成措置に限定した要素案、12 月に詳細なアウトライン、2021 年 1 月に報告書素案、4 月に報告書原案（first draft）、5 月に最終報告書案（draft final report）が議論された。その都度表明された各委員の意見をとりまとめて内容を徐々に合意可能なものに仕上げていくプロセスであった。議長は以上のように 6 回案文を提示したが、議長が新しいテキストを出すたびに各委員が自分の主張の反映又は復活を求めるコメントを繰り返していたので、5 回目（2021 年 4 月）の時点では主要論点につき議論の収斂の見通しが立っていなかった。

　しかし、任期末が迫り 6 回目の案文が出ると、ほとんどの委員は柔軟性を発揮しようとの姿勢に転じた。議長もニューヨークに物理的に出張できなかったので、5 月の最終セッションもオンラインで行われたが、オーストラリア委員、ロシア委員代理他数名がニューヨーク入りし、非公式な文言調整を行い、全体会合に提案した。3 日目には 1 名の委員を除き合意ができ、4 日目にその 1 名を加えた小グループの交渉が議長参加のハイブリッド形式で行われた。その後、全体会合で小グループの交渉結果が提示され、各委員は賛成できるように本国の了承を得ることを要請された。

　最終日の 5 月 28 日、最終案が提示され、採択前に各委員が発言を行った。筆者は中国及びロシアによる受け入れ発言を確認した上で発言を行い、その中で案文採択への支持と歓迎を表明した上で、報告書記載内容の意義を具体的に整理し、また、一部妥協の文言となっている部分をどう理解すべきかについて確認を行った。（会議は非公開であったが、筆者の発言の内容を残すことは重要であると考えて国際連合日本政府代表部のウェブサイトに掲載する方法であえて公表した。さらに、その後 6 月 29 日にオンラインで行われた安保理公開討論でも包

16

括的に GGE 報告の評価等を述べるステートメントを提出し、国連公文書となる議事録に発言内容が残るようにした。）いずれの委員からも異議が表明されなかったことを確認の上で、議長がコンセンサス採択を宣言し、第 6 次 GGE 報告書が完成した。報告書は公用語への翻訳などを経て 7 月 14 日付で文書番号が付され、8 月下旬、国連軍縮部ウェブサイトに掲載された。

同年 12 月 6 日、国連総会は決議 76/19 をコンセンサスで採択し、その中で、OEWG コンセンサス報告書の採択を認識し（主文パラ 1）、GGE コンセンサス報告書を歓迎し（主文パラ 2）、国連加盟国に対して、ICT の利用の際には両報告書に導かれるように要請し（主文パラ 3）、第 2 次 OEWG[10] が今までの OEWG 及び GGE の結論を考慮に入れるべきことを強調している（主文パラ 5）。米露が共同提案したこの決議の成立によって国連におけるサイバーセキュリティの議論のプロセスはなんとか一本化された。しかし、2022 年春以降、ロシアによるウクライナ侵略の影響でサイバーに関する米露協力の環境が損なわれ、後に述べるように、再度二つのプロセスが並立する方向になっていく。

(2) 2021 年前半に米露関係が一時的に好転する中で合意が成立

第 6 次 GGE 及び OEWG の交渉が開始した頃のサイバーを取り巻く国際環境は良くなかった。ロシアによる米国大統領選介入疑惑や米国によるファーウェイ製品排除の中でもあった。そもそも、第 6 次 GGE は、ロシアが主導した決議で OEWG が設置されたことに対抗して米国が主導した決議で事務総長に設置を求めたものである。OEWG と GGE が並立した状況で、米露による競争の構図が生じた。その中で、他の国は両プロセスの補完性を目指した。2017 年に第 5 次 GGE が報告書を採択できずに終了した経緯にかんがみ、米国は第 6 次 GGE で中身において大きな前進が実現する望みは薄いと判断し、GGE 設置決議案の中に、国際法の適用に関する委員の出身国の見解が報告書に別添されることを求める文言を盛り込んだ。米国は、交渉においては、2015 年に合意済みの「行動規範」を報告書において精緻化することを達成すべき目標に定めた。同時に、ロシアも、GGE や OEWG で

2013 年及び 2015 年に GGE で合意されている事項が反故にされるような事態は避けたかった。過去に合意した事項をいじらない点においては米露に不思議な一致が見られた。

　主要な対立点を巡る各委員の立場の開きはなかなか狭まらなかったが、セッションを繰り返す中で NAM 出身の委員が徐々に案文への理解を深め、相場観を形成していったように感じられた。パトリオータ議長は、コンセンサスが得られないことが明らかな提案は何度繰り返されてもそのまま受け入れることはせず、すべての委員に少しずつ不満を残す形でコンセンサス形成を進めていった。

　オンラインで行われた非公式セッションの間、1 名の委員が対面会合以外は正式プロセスと認めないとの姿勢を取っていた。しかし、2021 年 4 月の公式セッション及び 5 月の最終公式セッションはオンラインながら同時通訳システムも備えたプラットフォームが使用され、議長が、GGE は事務総長の諮問機関であるので、国連の総会や委員会の規則や作業方法が適用されないことを説得した結果、同委員もさすがに議論をすべて無効にすべしと主張することは諦めた。また、OEWG 報告書採択の際、米国等は GGE でロシアが協力する番だと釘を刺した。そして、米国バイデン政権が対露、対中関係で協力できる分野を探り、ロシア及び中国も米国との一定の協力への期待感を高めていく中で相対的に環境が良くなった。

　米国のシンクタンクの CSIS が配信している「サイバー外交の内側」(Inside Cyber Diplomacy) というポッドキャストの 2021 年 6 月 11 日付エピソードで、米国出身委員のミシェル・マーコフ (Michele Markoff) 氏は、交渉妥結の背景等について、「米国の新政権が誕生し、近く米露首脳会談が行われる見通しであったという文脈が好影響を与えたものと思われる。しかし、GGE 最終セッションが開始した時点では交渉がまとまるかどうかはわからなかった。ロシアにしてみれば、すでに (ロシア主導の決議案で設置された) OEWG の報告書は採択されていたので GGE を失敗させることはできた。そのような中で妥結したのはグループ全員の努力の賜である。その中で、妥協せざるを得ないところはあったが、妥協していなければまとまらなかった。妥協の成立には現

地入りしていたオーストラリアのジョハナ・ウィーバー（Johanna Weaver）氏が多大な貢献をした。」という趣旨の回顧をしている。マーコフ氏は第 1 次サイバー GGE から一貫して参加しており、サイバー GGE の母と称されている。ロシア出身委員は第 1 次 GGE から第 6 次 GGE 前半までは一貫してアンドレイ・クルツキフ（Andrey Krutskikh）氏であり、こちらは GGE の父と呼ばれていた。ロシアは、第 6 次 GGE の途中、クルツキフ氏が昇進した（大統領特別代表として権限が増え、プーチン大統領に近くなった）こともあり世代交代を理由に委員を交代させた。また、中国出身委員はほとんど代理を立てていた。

　米露関係の改善に助けられたとはいえ、GGE 報告書がまとまる上で一番重要だったことは、NAM 出身の委員が同志国側の丁寧な説明を聞き報告書案の内容に納得していったことであろう。交渉において、筆者は常に NAM 出身委員の理解を得ることを意識していた。1 年目は国際法の適用の論点やサプライチェーンの論点等で積極的に発言し文言提案を行った。交渉中盤からは重要な論点に絞って議論の流れを作ることに留意した。そして、終盤では、議長のテキストで改善すべき最も重要な論点に絞って修文案を出しつつ、問題がある提案に対しては、具体的な理由とともに繰り返し反論を行った。ほとんどの国にとって最も重要なことは、悪意のあるサイバー行動を受けた場合の対処方法やそのような行動の抑止・防止の方法がなるべく多く具体的に確認されることである。今回の GGE における国際法の適用の議論を通じて、参加した NAM 出身委員の間で、国家責任法、国際人道法や自衛権の適用の確認は被害国の立場から重要であるということに理解が深まり、それが、内容のある報告書の採択を成功させようとする力学を生んだのではないかと考える。そして、誰一人としてコンセンサスを阻止して報告書を阻むことはできない状態になっていた。

(3) OEWG 報告書：国連総会で直接交渉し過去の成果を確認

　2021 年 3 月に OEWG 報告書がコンセンサス採択された。全国連加盟国に開かれたプロセス（GGE は事務総長が任命した最大 25 名の委員による議論のプロセス）で、過去の GGE の成果が国家のサイバー行動の指針であることがコ

ンセンサスにより直接的に再確認されたことが OEWG 報告書の意義である。2010 年、2013 年、2015 年のそれぞれの GGE 報告書は、GGE 委員間でコンセンサス合意された後、国連総会決議で同じくコンセンサスで「歓迎」されている。例えば 2015 年報告書に関しては、国連総会決議 70/237 の主文 1 は 2015 年 GGE 報告書を歓迎する、主文 2（a）は、加盟国に対して、ICT の利用の際には 2015 年 GGE 報告書に導かれるよう求めている。

　このことをもって、ほとんどの国は、過去の GGE 報告書の内容はすべての国連加盟国に受け入れられていると認識している。ところが、OEWG においてイランは、過去に 1 度もイランが参加したことのない GGE の報告書は議論のベースにならない、OEWG 報告書には過去の GGE 報告書やその内容を引用すべきではないという極端な立場をとった[11]。

　上述のとおり、議長は最終段階で三つの文書を作る提案を行ったが、その結果、合意文書となる報告書本体（上記 3（1）で記した①）だけを見ると 2015 年報告書を改悪したものになることが危惧された。OEWG 報告書の内容が希薄なものとなる見通しの中、同志国サイドはどうにかして過去の GGE の成果を維持する方策を考えた。その結果が、パラ 7 の「総会決議 70/237 において、加盟国はコンセンサスで、ICT の利用の際には 2015 年 GGE 報告書に導かれることを合意した。そのことによって、ICT の利用における国家による責任ある行動に関して最初の枠組みを確立した」及びパラ 8 の「この基礎に立脚しこの枠組みを再確認し、OEWG は世界的に影響の大きい主題に関する全加盟国の共通理解及び相互理解を求めた」という表現である。この二つのパラにより、OEWG 報告書は過去のすべての GGE 報告書を再確認していることが確保された。

　そして、パラ 17 の「枠組（これには任意の規範、国際法、信頼醸成措置が含まれる）の下での義務に反する方法でのいかなる ICT の利用も国際の平和及び安全並びに信頼及び安定を損ない、国家間の将来の紛争の可能性を増大させ得る」、パラ 24 の「国家は国家による責任ある行動のための規範に反する ICT の利用を避け、自粛することが求められた」、パラ 34 の「国際法、特に国連憲章は適用され、平和及び安定を維持し、開放的で安全で安定していてアク

セス可能で平和的な ICT 環境を促進するために不可欠であることを確認した」という記述で、2015 年報告書に含まれる、「行動規範」、国際法、信頼醸成措置に関する内容が OEWG 報告書で引き継がれた。

　OEWG 報告書には 2015 年報告書の 11 の「行動規範」にも言及されておらず、サイバー行動に国際法がどのように適用されるかについての各論の議論も記されていない。国際法の各論を含め多くの重要な議論がごっそり議長サマリーに移されてしまったわけである。2015 年報告書からの後退とすら言える。しかし、すべての国連加盟国に開かれたプロセスで、しかも、GGE の成果を追認せずに新たな議論に基づき新たな合意を作ろうと強く主張する国もある中、新型コロナ・パンデミック下という制約のある交渉環境で GGEと同じ深まりのある内容の報告書を期限内にとりまとめることはほぼ不可能であったであろう。上記のいくつかのパラにより 2015 年までの GGE の成果が枠組みとして再確認され、国家のサイバー行動の指針であることが、全国連加盟国により直接的に再確認されたことは重要である。

　多くの重要な議論が議長サマリーに回されたので、筆者は、OEWG 報告書採択時の発言で、国家責任法の適用を認めなければ新条約を作っても義務違反が法的結果を伴わないので意味がない等と指摘した。

(4) 第 6 次 GGE 報告書：過去の成果の理解促進と発展

　第 6 次 GGE 報告書の最も重要な成果は、2015 年報告書に記された 11 項目の「行動規範」（相当の注意義務関連、人権尊重関連、重要インフラへの攻撃禁止関連、サプライチェーンの信頼性確保関連など）に関し、具体的指針を含む詳しい解説が付されたことであろう。議長は一貫して過去の成果の上にさらなる理解の層を追加することを目指していた。なお、後述するが、これらの「行動規範」の中には国際法と関連するものが多い。また、合意済みの内容を履行するための「行動計画」（PoA）策定の検討も盛り込まれた。日本も PoA の共同提案国である。

　国際法がサイバー行動にどのように適用されるかに関して画期的な前進があったわけではないが、国際法、特に国連憲章がサイバー行動に適用される

ことが再確認されたこと、国連憲章で確認された国家固有の権利（自衛権のこと）に再度留意するとの表現が残ったこと、新たに国家責任、国際人道法が明記されたことなどが過去の成果の発展と言えるであろう。

　逆に、報告書に含まれなかったことが同志国にとって重要な成果であった事項もある。例えば、ロシア等は、サイバー攻撃主体の帰属を判断するための国際メカニズムの設置、行為主体を国家に帰属させる際のすべての証拠の公表、サイバーセキュリティに関する新条約交渉開始といった提案をしていたが、コンセンサスを得られず報告書に採用されなかった。また、中国は、「安全保障を口実に特定国の製品を排除すべきではない」、「貿易ルールに反するような差別的な規制を禁止すべし」といったサプライチェーンに関連する提案をしていたが、やはりコンセンサスが得られずに採用されなかった。

　形式的に第5次 GGE までの成果が OEWG において再確認されたとはいえ、OEWG 報告書本体の内容は相当薄まってしまっていたので、中身が充実し、過去の GGE の議論を本当の意味で発展させた第6次 GGE 報告書が採択されたことで国連におけるサイバーセキュリティの議論が救われた感がある。

(5) 国際法の適用に関する十数か国の見解が一括公表されたことは有意義

　第6次 GGE 設置の根拠となる総会決議は、「国際法がどのように適用されるかに関する各委員の出身国の国別提出物を含む付属文書を添付して」報告書を作成するよう事務総長に要請している。これは、決議案提案国の米国が、第6次 GGE における国際法の適用に関する議論が深まらない展開を予想して、各国の見解を別添することによって報告書に付加価値を与えようと意図して盛り込んだ一文である。しかし、1名の委員が、「見解の相違が強調される」として強く反対した。同志国は国際法の適用に関する各国の見解を報告書の付属として添付することは決議に明記された GGE の任務であり、変えられないと主張した。しかし、議長は、その1名が最後まで抵抗すれば結局 GGE 報告書の本体に関する合意も成立しないおそれもあると判断し、各委員の出身国政府に文書の任意の提出を要請し、提出された文書をコンペンディアムとして集約し、文書番号を付して国連軍縮部のウェブサイト

に掲載するという名より実を取る解決法を選んだ。任意に提出された国際法の適用に関する見解（国別見解）は集約され、2021年7月14日付の国連公文書として8月下旬に公表された。反対していた委員の出身国は国際法の適用に関する見解を提出しなかった。

第6次GGE報告書には、「本グループは、国際法の特定の規則及び原則が国家によるICTの利用にどのように適用されるかについての各国による継続的な議論及び意見交換が国連において集合的に行われることが、共通の理解を深め、誤解を避け、予測可能性と安定性を高めるために不可欠であることを認めた。」「本グループは、すべての国家が、国連事務総長を通じて又はその他の適切な方法で任意に自国の見解及び評価を共有し続けることを奨励する。」と記された。

「日本の基本的立場」にも「日本政府は、サイバー行動に適用される国際法に関して、多数の国の政府の基本的立場が公表され、国際裁判や国内裁判で国際法が援用されることによって、国際法がサイバー行動にどのように適用されるのかに関する国際的な共通認識が深まることを期待する。日本政府は、そのような共通認識が深まることによって、特に、サイバー空間におけるいかなる行動が国際法違反であるか、サイバー行動によって法益侵害を受けた被害国が、国際法上どのようなツールを用いることができるかに関する共通認識が形成されることによって、サイバー空間における悪質な行為が抑止されることを期待する。日本政府は国連の場におけるものを含め、関連の議論に積極的に参加し続ける方針である。」と記された。

国別見解のコンペンディアムには15か国分しか収録されていないとはいえ、交渉における各委員の主張を振り返る上でも、サイバー行動に適用される国際法に関する主要国の見解を理解する上でも大変有益な資料である。実際、各国政府や研究者による分析、評価が進んでいる。第2次OEWG等のプロセスを通じて国連の場において第6次GGE報告書及びOEWG報告書を越えて加盟国による一致した認識を表明することは現実的に困難であると思われるので、今後他の国による見解表明が続く形で共通認識の拡大が進むことが期待される。

II　サイバー行動に適用される国際法

　国際法とは基本的に主権国家間の関係を規律する法である。一部例外を除いて直接に私人の行為を対象とするわけではない。サイバー行動がすべて国際法の対象となるわけではない。例えば、一国の領域内にとどまるサイバー犯罪はその国の国内法に従って刑事訴追されるべき問題である。国際法が問題になるのは、国家間の権利や義務が関係する場合である。例えば、越境サイバー攻撃の主体が国家と一定の関係を有している場合、そして、被害が他の国家の権利に反する場合が典型例であろう。そこで、サイバー行動に適用される国際法の具体論を詰めたところで、国際法と無関係なサイバー攻撃の防止や対処という大きな問題が残るという指摘もあるかもしれない。しかし、烈度の高いサイバー攻撃は単に民間の(私人間の)問題に終わらない場合が多いのではなかろうか。あるいは、政治的、経済的、社会的影響の大きいサイバー事案の防止や処理には政府の関与が求められるのではなかろうか。サイバーセキュリティの課題に取り組むにあたり、既存の国際法の適用を確認し、必要に応じて政治的な約束や行動指針を表明していくことは重要な基礎となると考える。

　国連においてサイバーセキュリティの課題は総会第 1 委員会の議題となっている。第 1 委員会とは軍縮・国際安全保障を担当する委員会である。このことからもわかるように、サイバーセキュリティと国際法の議論の中核は烈度の高いサイバー攻撃の規制と抑止である。

　以下、主要な項目毎に関連する第 6 次 GGE 報告書の記述を紹介した上で、日本を含む各国の立場、GGE における議論などを整理したい。

1　国連憲章を含む既存の国際法はサイバー行動に適用される

第6次 GGE 報告書の記述

　　69.　（抜粋）「国際法が国家による ICT の利用にどのように適用される
かを検討するにあたり、本グループは、過去の GGE 報告の国際法に関
する評価及び勧告、とりわけ、国際法、特に国連憲章は適用され、平和
及び安定を維持し、開放的で安全で安定していてアクセス可能で平和的
な ICT 環境を促進するために不可欠であることを再確認する。

　　70.　この点に関し、本グループは、国連憲章及びその他の国際法の次
の諸原則に対する国家のコミットメントを再確認した。主権平等。国際
紛争を平和的手段によって国際の平和及び安全並びに正義を危うくしな
いように解決すること。国際関係において武力による威嚇又は武力の行
使をいかなる国の領土保全又は政治的独立に対するものも、また、国際
連合の目的と両立しない他のいかなる方法によるものも慎むこと。人権
及び基本的自由の尊重。他の国家の国内問題への不干渉。

　「日本の基本的立場」も、「国連憲章全体を含む既存の国際法はサイバー行
動にも適用される。」というものである。

　サイバー行動への国際法の適用という一般論については、すでに 2013 年
及び 2015 年の報告書で確認済みである。2012 年、日本政府も 2013 年報告書
の採択に先立ち、サイバー空間にも国際法が適用されるとの立場を固めてい
る[12]。しかし、第 6 次 GGE では、国際法が具体的にどのように適用される
かについて、国際的な合意が形成される部分だけが実際には適用されるので
あり、そのような合意が形成できる具体論についてまだ説得されていないと
いう姿勢を取る委員もいた。単純化すれば、関連する国際法はすべて適用さ
れるという立場と、適用される国際法については個別に議論と確認を要す
るという二つの立場が存在した (3.（1）参照)。後者の中には、2015 年報告書
に書かれている以上のことには同意できないとの基本的交渉スタンスを取っ
た委員もいた。2015 年は譲りすぎたと述べる委員もいた。国別見解の中で、

ロシアは、国連憲章や 1970 年の友好関係宣言に掲げられた国際法上の原則及び規範が情報空間に適用されることにつき現時点で国際社会がコンセンサスに至っていると考えている (assumes) 旨を記しつつ、ICT への国際法の適用は自動的であってはならず、推定で行ってはいけない、既存の国際法の特定の文書がどのように適用されるかは客観的に議論しなければならない等と記している。また、ロシアとしては、ICT の特殊性を考慮した国際法の漸進的な発展と改善を提案する、サイバー領域における国家関係が国境をまたぐ性格のものであることにかんがみ、その法的規制は国連において国際情報安全保障に関する拘束力のある普遍的な条約を作成し採択することによって進めるべきであると記している。新条約の作成に関して、中国は、2021 年 6 月の安保理公開討論で「すべての国によって一般的に受け入れられる国際的なルールを形成する必要性」を主張している。同公開討論で、パキスタンは、「サイバー空間の特殊な属性に特別に合わせた (tailored to) 法的拘束力のある文書を作成する必要性」というロシアに近い主張を行っている。インドも、同公開討論で、国境がないことや行為主体の匿名性というサイバー空間の特殊な属性により、伝統的に受け入れられていた主権、管轄権、プライバシーの概念が挑戦を受けているとの趣旨を述べている。中国は OEWG に提出した文書で「ICT の属性及び変化する現実に合わせた新たな国際的な法的文書が作られるべきである」と主張している。ロシアはすでに国際情報安全保障条約コンセプトを作成・参考配布している (最新版は 2011 年 9 月のもの)。ロシア及び中国も参加する上海協力機構 [13] は独自の行動規範案を国連総会決議案の形で提案しているが、国家主権を重視し、領域国の権限を大幅に認める内容となっている。

　そのような中、同志国は、2015 年報告書からの後退は受け入れない、国際法が具体的にどのように適用されるかという各論において前進を図る、新条約交渉開始には反対する、ただし、2017 年に第 5 次 GGE が報告書を出せずに終わったのは国際法の適用に関する記述で議論が収斂しなかったためであるので、第 5 次 GGE の失敗は避け報告書をまとめることを重視するという姿勢で交渉を進めた。

　2015 年報告書では、「2013 年報告書は」国際法、特に国連憲章が適用される旨を表明した (stated that) という表現であった。同志国は、今回、過去の GGE 報告書に「国際法、特に国連憲章が適用され」と書いてあることを引用するのではなく、「本グループ」自身の結論として「国際法、特に国連憲章が適用されることを確認する (affirm)」という主体的な記述とすることを目指した。

　しかし、過去の表現からなるべく前進したくないという立場の国の抵抗で、結局、「本グループは、過去の GGE 報告書の国際法に関する評価及び勧告、とりわけ、国際法、特に国連憲章は適用され、平和及び安定を維持し、開放的で安全で安定していてアクセス可能で平和的な ICT 環境を促進するために不可欠であることを再確認する。」という記述となった。

　国際法の適用に関する国別見解を提出した 15 か国のうちロシアを除く 14 か国はサイバー行動への国際法全般の適用を是認する立場である。また、その中で、国連憲章の適用を肯定している。日本、オーストラリア、エストニア、スイスは、国連憲章が「全体として」(in its entirety) 適用されることを明記している。2021 年 6 月のエストニア主催の安保理公開討論では、インドネシアが国連憲章の適用を支持し、南アフリカが国連憲章全体の適用を支持した。

　筆者及びオランダやドイツ等欧州のいくつかの国の委員はパラ 71 (e) に加えてパラ 69 にも「国際法、特に国連憲章が全体として適用されることを確認」という記述を確保することを主張したが、2015 年報告書では（自衛権の文脈の）1 か所だけ国連憲章「全体」という表現が使われており、今回もその 1 か所しか受け入れないとの反対論があった。結局、最後は 2015 年と同様に、自衛権の文脈のみで「国連憲章が全体として適用」という表現が残った。1 か所しか受け入れないというのは全く理屈が立たない。国連憲章の諸原則（特に主権平等、紛争の平和的解決）の重要性は強調しつつ、都合の悪い規定は認めたくないというような姿勢をつまみ食い（英語で cherry picking）という。

　タリン・マニュアル 2.0 の序文でも編者のマイケル・シュミット米国海軍大学校名誉教授は次のとおり述べている。

　「サイバー行動を直接対象とする条約はきわめて少なく、また、採択され

たものは対象範囲を限定している。国家によるサイバーの実行はほとんどが機密扱いであり公に入手できる法的確信の表明はわずかであるので、サイバーに特定される慣習国際法を断定的に導き出すことは困難である。しかし、サイバーに特化した国際法がないということはサイバー行動が法的な真空に存在していることを意味するものではない。2回の国際専門家グループは共に既存の国際法がサイバー行動に適用されることを全会一致で判断した。その評価は NATO や 2013 年及び 2015 年の 2 回の国連政府専門家グループなども今や共有している。そのため、国際専門家グループの課題は、サイバーの文脈で既存の国際法がどのように適用されるかを判断し、その中のサイバー特有の側面を特定することであった。」

2　国家による国際法違反のサイバー行動は当該国家の国家責任を伴う

(1)　国家責任総論及び国際違法行為を行った国家の義務

第 6 次 GGE 報告書の記述

Ⅳ　国際法

　71. (g) 本グループは、国家は国際法に基づき自国に帰属する国際違法行為に関する国際的義務を果たさなければならないことを再確認する。本グループはまた、国家は ICT を用いた国際違法行為を行うために代理を使用してはならないこと、また、その領域が非国家主体によってそのような行為を行うために使用されないことを確保するよう努めるべきであることを再確認する。同時に、本グループは、ある国家の領域又は ICT インフラから ICT 活動が開始された、又は、そこから他の方法によりもたらされているという現れは、それ自体では当該活動をその国家に帰属させるには不十分であり得ることを想起する。そして、違法行為を組織し実施したという国家に対して提起される非難には裏付けがあるべきであることに留意する。国際違法行為に対する国家の責任の追及は、複雑な技術的、法的、政治的考慮を伴う。

III 「行動規範」、規則及び原則

「行動規範」13（b） ICT インシデントの際には、国家は、当該事象のより大きな文脈、ICT 環境における帰属の課題、結果の性質及び範囲等を含む関連するすべての情報を考慮すべきである。

「日本の基本的立場」は次のとおりである。

サイバー空間における国家による国際違法行為は当該国家の国家責任を伴う。国際違法行為は、国家の作為又は不作為による国際法の一次規則の定める義務に対する違反によって生じ、サイバー行動の場合にも、国家が、主権、不干渉、武力行使の禁止等の原則、民用物への攻撃禁止等の国際人道法上の諸原則及び基本的人権の尊重等の一次規則に違反した場合は国際違法行為が生ずる。

国家責任とは、国家が、自国が行った（自国に帰属する）国際違法行為に対して負う責任である。国家責任に関しては、国際法委員会が 2001 年に完成して採択した「国際違法行為に伴う国家の責任に関する条文案」（以下、国家責任条文案）があり、同年の国連総会はそれに留意する決議 56/83 を採択した。国家責任条文案は形式的には法的拘束力を持たないが、その多くの規定は慣習国際法を表していると考えられている。国家責任が発生するのは、第 1 に、自然人による行為が国家に帰属し、第 2 に、その行為が国際違法行為を構成するときである。国際違法行為には条約上の義務違反も慣習国際法の違反も含まれる。国家機関による行為の他、私人が事実上国家の指示に基づき、又は国家による指揮若しくは支配の下で行動していた場合には（国家責任条文案第 8 条）国家の行為とみなされる。私人の行為を国家が自己の行為として是認した場合にも国家の行為とみなされる（同第 11 条）。

ほとんどすべての国別見解がサイバー行動への国家責任法の適用を肯定している。ロシアも、「情報空間における特定の行動についての責任を国家に帰属させることができるかについては既存の国際法に立脚してさらに検討を

要する。」と記しつつ、国家責任条文案に沿って国際違法行為の成立の要件、
対抗措置の制限を説明している。ロシアはさらに、慣習国際法上、国家はそ
の機関及び管理下にある個人の行為に責任を有することを認めている。同国
はその上で、情報空間において個人の行動が国家の管理下にあるか国家に黙
認されているかを判断するのは難しい場合があり、「国家に対して提起され
た違法行為を組織し実施したという非難には裏付けがあるべきである。」と
いう 2015 年 GGE 報告書の「行動規範」（注：実際は国際法セクションの記述）に
法的拘束力を与えなければならない旨主張している。国際違法行為を行った
国の義務に関して、「日本の基本的立場」には「その行為が継続している場合
には、当該違法行為を中止しなければならず、また、事情がそれを必要とす
る場合には、適当な再発防止の保証を与えなければならない。そして、責任
を負う国は、国際違法行為により生じた被害に対して十分な回復を行わなけ
ればならない。」と明記されている。国際違法行為を行った国の義務に関して、
オーストラリアは、具体例として、損傷した機器の交換、サーバーの破損に
よる物理的・財政的損害の賠償、再発防止の保証に言及している。

　2015 年報告書では、「国家は、国際法上当該国に帰属する国際違法行為に
関する国際的な義務を果たさなければならない。」という表現で国家責任法
がサイバー行動に適用されることが確認されていた。筆者は第 6 次 GGE の
成果として「国家責任」という用語の明記を目指し、第 1 回公式セッション
からその旨提案した。また、「悪意のあるサイバー行動による主権侵害等の
国際違法行為に対しては国家責任が伴い、中止、再発防止、原状回復、損害
賠償等の義務が生じる。国際法がどう適用されるかを議論することで被害を
受けた国の対応のツールが明確化され、抑止にもなり、サイバー空間の平和
及び安全に資する。」等、国家責任がサイバー空間で適用されることを確認
することの意義を具体的に説明した（2021 年 3 月 9 日の OEWG でも同趣旨を発
言し、発言原稿を国連代表部ウェブサイトに公表した）。これに賛同した NAM 出
身委員 1 名が筆者に相談の上で国際違法行為を行った国の義務を具体的に説
明する文言を提案（K 提案）した。

　第 1 回公式セッションにおいて「そもそも国家責任法は慣習国際法化して

いない。」との発言があった[14]ので、筆者は、「国際法委員会作成の国家責任条文案が国連総会で採択されていないこと、そのすべてが慣習国際法でないことは認めるが、国家責任に関する慣習国際法の存在は国際社会で共有されている。」と指摘した。筆者は、念のため国連総会第6委員会における各国代表の発言をチェックし、中国の代表が国家責任法は慣習国際法であると発言していたことも確認しておいた[15]。

　結局第6次GGE報告書では、「国際違法行為に対する国家の責任の追及は複雑な技術的、法的、政治的考慮が必要である。」という表現ながら、「国家責任」が明記された。今後、少なくとも、国家責任法の適用は未整理であるという議論は封じられる。K提案をベースに2021年5月の最終セッションまで「国際違法行為を行った国家は、（それが継続している場合）行為を中止し、事情がそれを必要とする場合には、適当な再発防止の保証を与え、被害に対して十分な回復を行う義務がある。」という案文が残っていたが、最後の調整の結果削除された。

　広範な支持を得ていた提案が最後の段階で削除されたのは残念であった。国家責任条文案で規定されている、中止、再発防止、回復等の国際違法行為を行った国の義務は慣習国際法において確立していると考えられる。サイバー空間における帰属の困難さは確かにあるが、国家に帰属した国際違法行為の帰結として「中止」や「十分な回復」等の義務が生じることすら確認させない、すなわち、被害国にとって責任追及の重要な手段となり得た提案内容を削除させるという主張に疑問を抱くNAM委員もいたであろう。「国家責任」の明記及び国際違法行為を行った国の義務の具体的記述に抵抗したのは、まさにそのような義務を果たすことを求められたり、対抗措置を講じられたり違法性阻却事由で自衛権を援用されたりすることを回避したかったからであると考えられる。

　K提案を行った委員の出身国は国別見解では国家責任に言及していない。GGEにおける具体的な提案は筆者を含む他の代表の意見を踏まえた上での委員個人の積極的貢献であったのかもしれない。GGEプロセス自体が信頼醸成措置であるということを多くの委員が述べていたが、委員間の議論が国

際法の適用に関する理解促進に役立ったのであればまさに信頼醸成措置である。

　OEWG 報告書の議長サマリー部分では、「慣習国際法の下、国際違法行為に関する国家の責任は国家による ICT の利用に及ぶことに留意する。」という記述がある。議長サマリーは OEWG のコンセンサスが成立しなかった事項について議長の責任でとりまとめたものとの位置づけであるが、2025 年まで行われる第 2 次 OEWG で少なくともこの基本的な認識がコンセンサスで確認されることを望む。

　国家責任法の適用の確認は、最も基本的なことである。すなわち、国際法違反は責任を問われるという出発点を確認するものである。このことが認められて初めて国際法を用いて悪意のあるサイバー行動が発生した場合に法的な意味での対応ができるようになり、そのような対応がとられることの蓋然性が確認されることで悪意のあるサイバー行動を抑止することができる。

（2）　サイバー行動の帰属の難しさは責任逃れの理由にはならない

　帰属に関する「日本の基本的立場」は次のとおりである。

　　　国家による国際違法行為は、その行為が国際法上当該国に帰属しかつその行為が当該国の国際法上の義務の違反を構成する場合に存在する。
　　　サイバー行動における帰属の議論は、法的側面、政治的側面、技術的側面がある。
　　　サイバー空間におけるいかなる行為についても、国際法上の国家責任を追及するためには、当該行動が特定の国家に帰属するか否かを検討する必要がある。この点については、ILC 国家責任条文案第 4 条から第 11 条が参考になる。一般に、サイバー行動が国家機関によって行われている場合等は、同行動は国家に帰属すると考えられる。その上で、非国家主体によるサイバー行動は原則として国家に帰属するものではないが、ILC 国家責任条文案第 8 条によれば、当該行為を行うに際して事実上国の指示に基づき、又は指揮若しくは統制の下で行動していた場合には当

該国の行為と見なされると考えられる。

英語のアトリビューション（attribution）という用語がサイバー攻撃の責任追及の文脈で使用される場合、国際法上の「帰属」を指す法的な意味と、行為主体を特定する際の「立証」を指す技術的な意味と、悪意のある行為を「非難」することを指す政治的な意味があるとされている。また、声明等による公の非難をパブリック・アトリビューション（public attribution）、非公表の外交上の申し入れ等をプライベート・アトリビューション（private attribution）という。第6次GGE報告書の上記パラ71（g）後段は「帰属」の多義性をふまえた記述である。

2019年9月19日、国連総会ハイレベルウィークの機会に開かれた米国主導閣僚級会合（日本政府より筆者が出席）で、日米を含む28か国は「サイバー空間における国家による責任ある行動に関する進化する枠組み（中略）に反する行動をとった場合に国家に説明責任を負わせるために、必要なときには、国際法に合致した透明性のある措置を講じるなど、我々は任意に協力する。サイバー空間における悪い行動には結果が伴わなければならない。」という内容の共同声明を発出した。この声明は、悪意のあるサイバー攻撃に対して、状況に応じて共同で非難声明（public attribution）の発出などの対応を複数の国で協力して行うことの決意表明であると言える。

第6次GGE報告書では、サイバー環境における帰属に関する「行動規範」13（b）に関し、「被害国と嫌疑のある国は関係当局間で相談することが奨励される。」等の具体的留意事項が明確化された。

一方で、ロシアが最後まで強く主張していた国際的な帰属判断メカニズム創設に関する言及は入らなかった。前出のCSISのポッドキャストで、米出身のマーコフ委員は、第6次GGEにおける大きな争点が帰属の問題の扱いにあったと振り返り、第6次GGE報告書に帰属判断メカニズム提案が入ることを阻止したことが重要な成果であったと指摘している。筆者も個人的には同じ評価である。第6次GGE報告書完成後も、筆者は安保理公開討論で日本政府として新たな帰属判断メカニズムの創設に留保があることを公に表

明した。帰属判断メカニズム創設提案の狙いは、サイバー空間の匿名性によって悪意のあるサイバー行動の責任追及が難しい状況を利用して、あたかも個別具体的な事案ごとに悪意のあるサイバー行動の主体が誰であるかにつき国際的に合意できなければ国家責任が追及できないかのような認識を広げ、責任が問われにくい仕組みを作り上げることにあろう。そのような仕組みができれば、被害国が攻撃者を特定しても、国際的メカニズムでの意思決定を通さなければ非難声明、中止要求、原状回復要求、賠償要求、対抗措置や自衛権の発動等の対応ができなくなるという大問題がある。筆者も CSIS ポッドキャストの 2019 年 9 月 10 日付の「サイバーに関するルールの形成と実施」というエピソードに出演したが、その中でも国際的な帰属判断メカニズムには上記のような問題があることを解説した。攻撃国とされた国に異議があれば、安保理や国際司法裁判所等の既存の制度を使うことはできるのであり、新たに帰属判断を行うメカニズムを設置する必要性もない。

　国別見解では、ドイツ、オランダ、ノルウェー、英国、米国、フランスが証拠開示の義務化や帰属判断メカニズム設置に強く反対している。

　第 6 次 GGE では、議論の末、妥協の産物として、「行動規範」セクションのパラ 24 に、被害国は「インシデントの評価においてすべての側面を考慮する必要がある。考慮すべき側面（実証された事実に裏付けられたもの）に含まれ得るのは、インシデントの技術的属性、その範囲、規模、効果、事件が国際の平和及び安全に関係していることを含む、より広い文脈、関係国間の協議の結果である。」と記された。また、パラ 28 で、「異なる種類の帰属を区別する方法を含む、帰属への国内アプローチに関する情報」の交換を行う可能性や、「国連での将来の作業で、帰属に関する共通の理解と実行の交換を促進する方法も検討されること」が推奨された。

　次に国別見解の中から帰属に関連する注目すべき記述例を以下に紹介する。

　①米国

　国家責任法は帰属を証明する挙証責任や基準を定めていない。そのような問題は訴訟等の手続には関係するかもしれないが、国際違法行為へ

の対応（対抗措置等の国際法上認められた一方的自助の措置をとることを含む）を目的として国家が行う国際違法行為の帰属に関する決定には国際法上の問題としては適用されない。その関連で、国家は事実関係の判断を独自に行うのであり、サイバー行動を他国に帰属することにつき単独で判断することが認められている。絶対的な確実性は必要とされていない。むしろ、国際法は一般に国家がその状況下で合理的に行動することを要求している。同様に、帰属の根拠となる証拠を開示すべきという国際法上の義務はない。

②英国

　サイバー空間に関連して「帰属」という用語は、法的意味と法的でない意味の両方で使用される。国際違法行為に責任を有する者を特定することを指すために法的な意味で使用される。また、敵対的又は悪意があると見なされる可能性があるが必ずしも国際違法行為を伴っていないサイバー行為を実行した主体（非国家主体）が誰であるかを表すために法的ではない意味でも使用される。

　英国の場合、サイバー空間におけるそのような活動の帰属を公に行うかを決定する際には、技術的及び外交的な考慮事項がある。

　公の帰属声明を行うかどうかの決定は、政策の問題である。各事案はその事実関係に基づいて判断される。英国は、サイバー空間における透明性と安定性へのコミットメントを促進するため、又は英国の利益に合致する場合に、公に帰属声明を行う。

　帰属の性格がどうであれ、行為の帰属を決定する際の基礎となる情報を公に開示することを国家に要求する一般的な法的義務はない。

③ドイツ

　ドイツは、現在のところ、帰属に関する決定を公表し、帰属の根拠となる詳細な証拠を提供又は公開審査に提出することを求める国際法上の一般的な義務は存在しないことに同意する。これは一般的に、対応措置

が講じられた場合にも適用される。特定の事案についての公開は政治的な考慮に基づくものであり、その国家にとっての国際法上の義務を創設するものではない。また、公的な帰属行為のタイミングを決定することは、国家の政治的裁量の範囲内である。それにもかかわらず、ドイツは、国家に対するサイバー関連の悪意のある行動の非難には裏付けがあるべきであるという 2015 年報告書における国連政府専門家グループの立場を支持している。国家は情報を提供するべきであり、状況が許せば、提起された容疑を明確にするために、問題の国家と連絡を取り、協力することを試みるべきである。これにより、帰属に関する決定及び講じられた対応措置の透明性、正当性、及び一般的な理解が強化される可能性がある。

　国家責任の文脈における帰属は、事件の責任を国家又は国家以外の主体に政治的に問うこと (assigning) とは区別されなければならない。一般に、そのような声明は各国家の裁量で行われ、国家主権の表明を構成する。政治的に責任を問う行為は、パートナーと協力して行うことができる。法的な意味での帰属に関しては、例えば、特定の役職者又は非国家主体の刑事責任の文脈で、帰属行為を伴う国内法に基づく（裁判所の）手続きの判決は、国家責任の立証のプロセスにおける指標として役立つ可能性がある。

　ただし、国際法に基づく帰属の基準は国内法に基づく基準と必ずしも一致するわけではないこと、個別に帰属される行為に対する国家責任を立証する際には、一般的に追加的な又は特定の基準が関連することに留意する必要がある。さらに、EU サイバー制裁レジームの下で自然人又は法人、団体又は組織に対して対象を絞った制限措置を採用することは、それ自体、法的な意味でのドイツによる国家への行為の帰属を意味するものではない。

④オランダ
　サイバー空間の文脈では、帰属について 三つの形式を区別できる。

　　——技術的帰属。サイバー行動の考えられる実行者についての事実
　　に基づく技術的調査と、その身元を特定できる確実性の程度。
　　——政治的帰属。特定のサイバー行動をある主体に（公に又はその他
　　の方法で）帰属させる決定を下す際の政策的考慮事項。その決定
　　に必ずしも法的な結果（対抗措置をとるなど）を与えることなく行
　　われる。帰属は国家に関連する必要は必ずしもなく、それはまた、
　　私的な主体に関係するかもしれない。
　　——法的帰属。被害国が、国際法に基づく義務の違反についてその
　　国に法的責任を負わせることを目的として、行為又は不作為を特
　　定の国に帰属させる決定。

(3) 被害国は一定の条件の下で対抗措置をとることができる

　対抗措置とは、国際違法行為を受けた国が、そのような行為をやめさせ、
事後救済の義務の履行を迫るためにとる、本来であれば国際義務に違反する
措置のことである。国家責任条文第3部第2章にある第49条第1項は「被侵
害国は、国際違法行為に責任を有する国に対して第2部に基づく義務に従う
ように促すためにのみ対抗措置をとることができる。」と定め、第22条は「他
の国に対する国際義務と一致しない国の行為の違法性は、その行為が当該他
の国に対する第3部の第2章に従ってとられる対抗措置を構成する場合には
その限度で阻却される。」と定める。
　「日本の基本的立場」は次のとおりである。

　　国際違法行為に対し対抗措置をとることは、一定の条件の下で、国際
　法上認められている。一般論としては、他国による国際違法行為により
　侵害を受けた国は、違法行為国に対し、①国際違法行為を中止する義務
　や②回復の義務等の履行を促すために対抗措置をとることは、一定の条
　件の下で、国際法上認められている。一般国際法上、対抗措置が先行す
　る国際違法行為と同様の手段に限定されなければならないとの制約はな
　く、このことは、サイバー空間における国際違法行為に対する対抗措置

についても同様だと考えられる。

　対抗措置をとることが一定の条件で国際法上認められていることにつき、国別見解では日本以外にも、オーストラリア、エストニア、ドイツ、オランダ、ノルウェー、ルーマニア、ロシア、シンガポール、スイス、英国、米国が支持している。

　米国は、対抗措置の条件を詳しく説明しており、一般にまずは中止要求をすべきこと、対抗措置は国際違法行為に責任を有する国家のみを対象とすべきこと、必要性及び均衡性の要件を満たすべきこと、国際的義務の遵守を促す内容であるべきこと、国際違法行為がなくなった場合には対抗措置も遅滞なく中断すべきことなどを挙げている。また、英国は、事前通報が不要であるとしている。

　ロシアは、国家責任条文案第3条や第50条を引用する形でサイバー空間における国家責任法の適用について説明しつつ対抗措置に関する制約（対抗措置が武力行使禁止や紛争の平和的解決などの国際法上の義務に影響を与えないことなど）を説明している。国家責任法における対抗措置にしっかりと制約をかけることを重視する姿勢を示したと言える。ブラジルはサイバーの文脈における対抗措置については更なる議論が必要であると記している。

　欧米の政府関係者や学者の一部の間では、サイバー行動の被害を受けた国を助けるために被害を受けていない国も参加する集団的対抗措置が認められるか否か、認められる場合があるとして、それはどのような国際違法行為の場合で、どのような条件の下で認められるかという議論が行われている。岩沢雄司国際司法裁判所裁判官は教科書の中で、次のように記している。

　　対世的義務や当事国間対世義務の違反に対しては、被害国以外の国（第三国）も責任を追及し、違法行為の中止等を求めることができる。（中略）では、第三国が国際義務に反する対抗措置をとることは認められるか。一般的利益の保護のために第三国がとる対抗措置の合法性に関して意見が分かれているために、国家責任条文は、対抗措置を規律する第2章は

*第三国が違反国に対してとる「合法的な措置を妨げるものではない」と
のみ定めた (54条)。この規定は、問題解決を将来の発展に委ねた保留条
項である。(中略) 2005年には万国国際法学会が、対世的義務の違反に対
して第三国は対抗措置をとる権利があるという決議を採択した。対世的
義務の違反に対して第三国は対抗措置をとることを許容する規範は、現
時点では確立しているとはいえないにしても、形成途上にあるとはいえ
よう。ただし、武力行使を伴う対抗措置は、第三国についても認められ
ない。(岩沢、2020年、163頁)*

　筆者も2022年2月のエストニア政府主催ワークショップ（詳しくは53頁）
で、集団的対抗措置が認められるか否かは対世的義務の違反があったか否か
で場合分けして考えることができるのではないかという個人的な見解を述べ
た。国際司法裁判所はニカラグア事件判決で「武力攻撃は集団的自衛権を生
じさせるが、それほど重大ではない武力行使は、武力行使を含む集団的な対
抗措置をとる権利を創設しない。」との立場を表明している。
　対抗措置以外に被害国がとることができる対応については、国別見解で報
復や緊急避難について言及する国もある。自衛については各国とも国別見解
で国家責任条文案との関連ではなく、国連憲章の文脈で論じている。
　報復とは、相手国による国際違法行為又は不公正ないし非友好的な行為に
対する反応として、ある国家が自らの決定に基づいて行う、不公正ないし非
友好的ではあるがそれ自体としては合法な措置[16]である。報復については、
国別見解で、オーストラリア、エストニア、オランダ、ノルウェー、シンガ
ポール、スイス、米国が認めている。米国は、「対抗措置と報復行為は別で
ある。報復行為は非友好的であるがいかなる国際的な義務にも反しない行為
である。」と記した上で、かく乱的なサイバー活動に対して、制裁や外交官
に対するペルソナ・ノン・グラータ通告のような報復措置を講じることは認
められているとの立場を表明している。ペルソナ・ノン・グラータとは「好
ましくない人物」という意味である。外交関係に関するウィーン条約第9条
は、接受国は「派遣国に対し、使節団の長若しくは使節団の外交職員である

者がペルソナ・ノン・グラータであること又は使節団のその他の職員である者が受け入れ難い者であることを通告することができる。」旨を規定している。通告を受けた派遣国は当該者を召喚又はその任務を終了させる義務がある。ペルソナ・ノン・グラータを宣言するにあたっては、基本的に、正当な理由がなければならない。しかし、実際には当該外交官に問題がない場合でもペルソナ・ノン・グラータを通告することが行われている。

　オランダはサイバー行動に対して、ペルソナ・ノン・グラータ、行動に関与した個人や団体に対する経済的又はその他の措置、領域内のサーバーやデジタル・インフラに対するアクセスの遮断などの報復措置を講じることができるとの立場を表明している。ノルウェーはサイバー行動に対して、外交関係の断絶、外交関係の制限（ペルソナ・ノン・グラータ通告を含む）、制裁の賦課などの報復措置は認められるとの立場を表明している。GGE の場では報復について深い議論はしていない。

　緊急避難とは国家が自国に対する急迫している危機を避けるためにやむをえず他国の法益を侵害する行為である。国家責任条文案第 25 条 1 はその要件を定めているが、緊急避難を援用できる要件の一つは「重大で急迫している危険に対する本質的利益を守るため、国家にとっての唯一の予防手段である場合」に該当することである。緊急避難については、国別見解で、日本、ドイツ、オランダ、ノルウェーが一定の条件で援用することが認められているとの立場を表明している。

　ドイツは、緊急避難が違法性阻却事由になり得ること、国家責任条文案は緊急避難に関しては慣習国際法を反映していることを指摘した上で、サイバーの文脈では本質的利益への影響の度合いは例えば悪意のあるサイバー活動の標的となった又は潜在的に標的となるインフラの種類や、そのインフラが被害国全体にとってどの程度重要かによって判断されるのではないかと記している。オランダは配電網、給水、銀行システムといったサービスは本質的利益に確実に該当するとの立場を表明している。緊急避難についても GGE の場で深い議論はしていない。

3 国家は自国領域を他国の権利に反する行為にそれと知りつつ使わせてはならない

第 6 次 GGE 報告書の記述

Ⅲ 「行動規範」、規則及び原則

「行動規範」13 (c) 国家は、その領域を ICT を用いた国際違法行為にそれと知りつつ使わせるべきではない。

「行動規範」13 (f) 国家は、故意に重要インフラに損害を与え又は国民にサービスを提供する重要インフラの利用及び運用を害するような国際法上の義務に反する ICT 活動を実施又はそれと知りつつ支援すべきではない。

「行動規範」13 (k) 国家は、他国の公認の緊急対応チーム (コンピュータ緊急対応チーム又はサイバーセキュリティ・インシデント対応チームとも呼ばれる。) の情報システムを害する活動を実施又はそれと知りつつ支援すべきではない。国家は、悪意のある国際的な活動に従事させるために公認の緊急対応チームを利用すべきでない。

Ⅳ 国際法

71 (g) [第 2 文]

本グループはまた、国家は ICT を用いた国際違法行為を行うために代理を使用してはならないこと、また、その領域が非国家主体によってそのような行為を行うために使用されないことを確保するよう努めるべきであることを再確認する。

相当の注意とは、国家が国際法上の法益侵害を防止又は規制する際に要求される注意を表す概念であり、国際法に配慮して行動する国家が通常払うであろうと期待される程度の注意をいう。相当の注意を払わないことにより国際法益を侵害すれば国家責任が生じるとされる。国家が自国領域を自ら使用し又は私人に使用を許可するにあたって、他国の国際法上の権利を害する結果にならないように配慮する注意義務を負い、これを怠れば国家責任を負う

ことになるという原則を領域使用の管理責任原則という。サイバー行動に関する相当の注意の議論は領域使用の管理責任原則の議論と位置づけることもできるが、多くの国の国別見解と同様、本書でも相当の注意の概念を利用する。

　第 6 次 GGE 報告書の「行動規範」セクションでは、2015 年報告書にあった規則が確認されているが、「行動規範」13 (c) は相当の注意に関連するものである。また、国際法セクションのパラ 71 (g) も相当の注意に関連するものである。

　「日本の基本的立場」は次のとおりである。

　　　サイバー行動についても、国家は国際法上相当の注意義務を負う。(中略) 国際司法裁判所は、コルフ海峡事件において「領域を他国の権利に反する行為にそれと知りつつ使わせてはならないすべての国の一般的義務」の存在に言及している (1949 年)。サイバー行動との関連では、このような意味での相当の注意義務が重要である。(中略) サイバー行動の特徴の一つとして、国家への帰属の判断が困難なことが挙げられる。この点、相当の注意義務は、国家に帰属しないサイバー行動に対しても、同行動の発信源となる領域国に対して、国家責任を追及する根拠となり得ると考えられる。たとえ国家へのサイバー行動の帰属の証明が困難な場合でも、少なくとも、相当の注意義務への違反として同行動の発信源となる領域国の国家責任を追及できる。

　国別見解では、日本の他、エストニア、ドイツ、オランダ、ノルウェー、フランスが国際法上の相当の注意義務の存在を肯定し、サイバー活動にも適用されるとの立場を表明している。

　米国は、国別見解で、「相当の注意が現在国際法上の一般的義務を構成するとの主張を支える国家実行も法的確信も米国は特定していない。しかしながら、自国領域から有害な活動が行われているとの通報を受けた場合、国家はそのような活動に対応するための合理的な措置をとらなければならない (must take)。」と記している。英国は (2015 年報告書上、この「行動規範」が「拘

束力のない規範であると各国が言及していることは、サイバー活動に適用される「相当の注意」という慣習国際法上の特定の規則があることを立証するに足る国家実行はまだ存在しないことを示している。」と記している。英国の国別見解における相当の注意義務に関する記述を読んだダポ・アカンデ・オックスフォード大学教授は、2015 年報告書で任意の「行動規範」に分類されていることによって当該規範が国際法上の義務ではなくなることはないと論ずるブログ記事 (*EJIL Talk!* に 2021 年 1 月 5 日に掲載) を筆者に送ってくれた。同旨は Talita Dias & Antonio Coco、*Cyber due diligence in international law* (University of Oxford、2021) で補強された[17]。「行動規範」と国際法との関係についてはⅢ 1 で解説する。

　第 6 次 GGE 報告書では、「行動規範」13 (c) への補足説明として次のような内容が記された。

　　　この「行動規範」は、*ICT を利用して行われる国際違法行為がその領域から発せられている若しくはその領域を通過していることを国家が認識している又は誠意を持って通知された場合、国家は、状況を検出し、調査し対処するためにすべての適切かつ合理的に利用可能で実行可能な措置を講じるという期待を反映している。それは、国家が他の国家又は非国家主体がその領域内で ICT を利用して国際違法行為を行うことを許可すべきではないという理解を伝えている。*

　このように、「非国家主体」への言及が入った。このパラは、国際法上の相当の注意義務の存在を肯定する国の委員と、否定する国の委員の間で調整した結果である。前者は、領域内における第三国や非国家主体の行為が領域国に帰属しない場合にもこの「行動規範」により領域国は適切な対応をとらなければならないという趣旨の記述を主張し、後者は、「行動規範」は「国際違法行為」の場合に限定されるので、どのような場合に行為が領域国か第三国に帰属するかを説明する具体的文言を提案した。この議論は主に同志国内で行われたものであり、露中や NAM の見ている中で同志国内の不一致をこ

とさら強調する必要もなかったので、筆者も含む5名程度の委員の間で文言調整をした上で全体に提案し了承されたものである。筆者が強調したのは、「本件は任意の「行動規範」の一つとして記載されているが、日本や多数の欧州諸国にとっては国際法上の相当の注意義務を部分的に確認したものである。これが法的義務ではないとしか読めない文言や、国家に帰属しない行為が自国領域内で起きている場合に国家が何もしなくても任意の「行動規範」違反にすらならないとしか読めない文言は受け入れられない。」ということであった。2015年報告書の11の「行動規範」はいじらないことが交渉の大前提となっている中、この「行動規範」には2015年の段階で「国際違法行為」という文言が採用されているため、「他国の権利に反する行為」に正せないという制約があった。パラ71 (g) 第2文も「他国の権利に反する行為」ではなく「国際違法行為」に限定されているという同じ問題がある。

　タリン・マニュアル2.0は規則6で相当の注意という一般原則が存在することを確認しつつ、その解説の中で次のように記している。

　「A国内のハッカーがC国のインフラを使ってB国へのサイバー攻撃を行ったが、Cはそれを知りながら攻撃を終了させるため実行可能な措置をとらなかった場合には、Cは相当の注意原則の違反となる。」

　「A国がC国に所在するインフラを用いてB国に対するサイバー攻撃を行う場合、Cはこの義務違反となりうるが、それとは別にAはBに対する主権侵害とみなされうる。」

　また、同マニュアル規則7は「相当の注意原則は、他国の権利に影響を与え重大で有害な結果を生じさせるサイバー行動を終了させるために、国家が当該状況において実行可能なすべての措置をとることを要求する。」ことを確認している。その上で、解説の中で、「実行可能な措置の程度は先進国と開発途上国とでは異なる。領域国が対応能力を有さない場合には、この義務の違反とならない。」ことが認められている。この認識は重要であり、筆者自身、GGE等の議論の中で「相当の注意」の「相当」という言葉が鍵であり、国の対応能力に応じて求められる対応の程度は異なることを指摘した。そうすることによって、開発途上国代表の一部に存在した「勝手に自国領域をサ

イバー攻撃の拠点にされていつの間にか国際法違反を問われてしまうのではないか。」という不安を解消することに努めた。第6次GGE報告書のパラ30(b)の「自国領域内で行われているICTを利用した国際法行為を認識していながらそれに対処する能力を有していない国家は他の国家又は民間セクターからの支援を国際法及び国内法に合致した方法で求めることを検討し得る。」という記述はそのような不安に答えるものである。同パラはさらに、「国家は、支援を提供する際に誠実かつ国際法に従って行動しなければならず、その機会を利用して、支援を求めている国家又は第三の国家に対して悪意のある活動をおこなってはならない。」と念を押している。

　上述のとおり、バイデン大統領は2021年6月の米露首脳会談後の記者会見で、「一定の重要インフラは、サイバー手段によっても他の手段によっても攻撃の対象としてはならないという提案について話した。エネルギーセクターや給水システムを含む、米国が重要インフラと特定した16分野のリストを渡した。責任ある国家は自国領域内からランサムウェア活動を行う犯罪者に対して行動する必要がある。」と述べている。これは、GGE報告書の規範13(c)と13(f)をふまえたものであろう[18]。

　2021年10月、米国を含む約30か国政府がオンラインでランサムウェアへの対応に関する会合を開いた。米国のアン・ニューバーガー（Anne Neuberger）サイバー・新興技術担当大統領次席補佐官は事後の記者ブリーフで「責任ある国々は、国境内で発生するランサムウェア活動に対処していると信じている。例えば、責任ある主体が国境内で活動する犯罪者と戦わなくてはならないという規範から実施に移行するには外交が必要である。」との認識を述べている。

4　国家はサイバー行動によって他国の主権を侵害してはならず、他国の国内管轄事項に干渉してはならない

第6次GGE報告書の記述

IV　国際法

71 (b)　本グループは国家主権及び主権から導かれる国際的な規範及び原則は国家によるICT関連の行動及び自国領域内のICTインフラに対する管轄権に適用されることを再確認する。国家は、とりわけ、政策と法律を設定し、ICT関連の脅威から自国領域内の情報通信インフラを保護するために必要なメカニズムを確立することにより、自国領域内の情報通信インフラに対する管轄権を行使する。

71 (c)　不干渉原則に従って、国家は、ICTを用いる場合も含め、他国の国内問題に直接又は間接に干渉してはならない。

Ⅲ　「行動規範」、規則及び原則

「行動規範」13 (f)　国家は、故意に重要インフラに損害を与え又は国民にサービスを提供する重要インフラの使用及び運用を害するような国際法上の義務に反するICT活動を実施又はそれと知りつつ支援すべきではない。

「行動規範」13 (g)　国家は、（中略）その重要インフラをICTの脅威から保護するために適切な措置をとるべきである。

13 (h)　国家は、重要インフラがICTを用いた悪意のある行為を受けている他の国家からの適切な支援要請に対応すべきである。国家は、主権に十分配慮し、その領域から発せられる他国の重要インフラを対象とするICTを用いた悪意のある活動の緩和のための適切な要請にも対応すべきである。

主権とは、国際法上の国家の最も基本的な権利であって、属地（領域）的に、他の権力に従属することのない最高の、支配（統治）権力である。国際法上の国家の基本的地位を表す権利である。

主権には二つの側面があり、第1は対内主権（領域主権）、すなわち、国家が領域内の人や物を統治し、領域を処分する権限、第2は対外主権（又は独立権）、すなわち、国家が外部権力の支配を受けずに意思決定を行う権限である。国家は他の国家の主権を尊重する義務を負う。これに違反することは他国の主権侵害を構成する。

　干渉とは国家が他の国家の国内管轄事項（自由に決定できる事項）に強制的
又は命令的に介入して特定の結果を強要することとされる。国家は他の国家
の国内管轄事項に干渉しない義務を有する。強制的ではない介入は干渉に当
たらない。意見の公表や伝達、抗議などは干渉に当たらない。
　「日本の基本的立場」は次のとおりである。

　　　*国家は、サイバー行動によって他国の主権を侵害してはならない。ま
　た、国家は、サイバー行動によって他国の国内管轄事項に干渉してはな
　らない。*」「*日本政府としては、不干渉原則により禁じられる違法な干渉
　とは必ずしも一致しない主権侵害が存在すると考えてきている。*

　サイバー行動によって他国の国内管轄事項に干渉してならないという義務
が存在することについて 25 名の GGE 委員の中に反対する者はいなかった。
国別見解を見ても、ほぼすべての国が不干渉義務に言及している。また、干
渉に該当し得るサイバー行動としては、選挙妨害が最も多くの国（オースト
ラリア、ブラジル、エストニア、ドイツ、オランダ、ノルウェー、シンガポール、英国、
米国）に取り上げられた。すなわち、一国の選挙に対し他国がサイバー行動
を起こして結果に影響を与えることは不干渉義務違反であり、国際法違反で
あるという考え方である。2016 年米国大統領選挙へのロシアによるサイバー
工作疑惑を背景に、第 6 次 GGE において、選挙妨害が主権侵害であるとい
う論点は欧州の委員が最初に提起した。
　国別見解では、不干渉義務違反の例として、他に、重要インフラを害する
サイバー行動（エストニア、ノルウェー、シンガポール）、金融システムの重大
な機能不全（オーストラリア）、パンデミック時にワクチンの開発や人工呼吸
器の使用に強制的に干渉する試み（米国）が例示されている。
　他方、不干渉義務違反にならない程度のサイバー行動によって主権侵害が
発生することがあり得るかという論点については英国が否定的見解をとって
いる。
　国別見解において、英国は次のような立場を表明している。

　連合王国は、主権という一般的概念そのものがサイバー行動に関し不干渉義務を超えた特定の規則又は追加的な禁止を推定する上で十分又は明確な根拠を提供するとは考えていない。同時に、連合王国は、このような論点に関する異なる見解があることによって、諸国家が、特定の状況が国際違法行為に該当するかを評価して、そのような問題に関して共通の理解に達することが妨げられるべきではないことに留意する。

国別見解において、米国は次のとおり主張している。

　サイバー行動に対する主権の含意は複雑であるが、ICT 関連の活動に対する主権についてまず 2 点の重要な含意を指摘することができる。第1 に、領域管轄権がサイバー行動にも引き続き関連することを認める。第 2 に、領域国による管轄権の行使は無制限ではなく、人権に係る国際的な義務を含む適用される国際法にも整合しなければならない。
　特定の状況において、ある国家による他国における同意のないサイバー行動は、それが武力行使や干渉の閾値を下回る場合でも国際法に違反し得る。しかし、他国の領域にあるコンピュータ又はその他のネットワーク機器が関与する国家による遠隔サイバー行動自体は国際法違反を構成しない。言い換えれば、国際法の問題としてそのような行動に対する絶対的な禁止はない。これはおそらく、他国の領域でのそのような活動が影響を及ぼさないか、最小限の影響しか及ぼさない場合に最も明確である。インターネットの設計そのものが、他の主権的な管轄権への浸食 (encroachment) につながる可能性がある。

　マイケル・シュミット教授は、米国国防省の立場は変化したと示している (Michael N. Schmitt and Liis Vihul、2017 年、1641 頁から)。同教授によれば、1999 年 の 米 国 国 防 省 の An Assessment of International Legal Issues in Information Operations という文書は、主権侵害の禁止は国際法上の規則であるという前提に立ち、国家による「他国のコンピュータ・システムに対する許可なき電

子的侵入は被害国の主権の侵害であると認識される結果を十分もたらすことがあり得る。国家の領域への物理的な越境に匹敵することと認識されることさえあり得る。」と整理していた。しかし、2017年に国防省の法律専門家が公表した文書(Gary P. Corn and Robert Taylor, "Sovereignty in the Age of Cyber" in American Journal of International Law、2017)では、「主権の原則は普遍的であるが、それがサイバー空間というドメインの特有の性質にどのように適用されるかは国家実行や条約による規則の制定を通じて決定されることを待たねばならない。」と記された。

　国別見解の中では、日本の他に、ブラジル、エストニア、ドイツ、オランダ、ノルウェー、ルーマニア、シンガポール、スイス及びフランスがサイバー行動により主権侵害という国際違法行為が発生し得るとの立場を表明している。その中でいくつかの国が主権侵害に該当し得るサイバー行動の例を取り上げている[19]。

　例えば、ドイツは、国家の政治的独立との関係で、「選挙妨害は一定の状況下で主権侵害を構成し得るし、強制を伴う場合には違法な干渉を構成し得る」と例示している。同国は、また、次のような説明を行っている。

　　タリン・マニュアル2.0等で示されているように、国家に帰属するサイバー行動の結果他国領域における物理的影響及び損害をもたらすものは領域主権の侵害を構成する。(中略)タリン・マニュアル2.0で示されているように、国家領域に存在するサイバーインフラに関する機能障害の形での特定の効果は領域主権の侵害を構成し得る。(中略)一般に、重要インフラ(すなわち、国家とその社会の機能を確保する上で不可欠な役割を果たすインフラ)の一部又は特別な公共利益を有する企業が領域内で影響を受けていることはその国の領域主権が侵害されたことを示唆し得る。

　オランダも、タリン・マニュアルの規則4を一般的に支持する、同規則の下、「①対象国の領土保全の侵害又は②他国の固有の政府機能への妨害又は侵奪」がある場合に主権侵害が生じると考えられるとの立場を表明している。

　ノルウェーは、特定のサイバー行動が主権侵害に該当するかについては個別事案ごとに評価すべきであるとした上で、次のように記している。

　　　サイバー手段によって他国における物理的な損害をもたらすことは領域主権の侵害に容易に該当し得る。例えば、石油施設の機能不全を招き火災発生を生じさせるようなサイバー行動は国家の領域主権の侵害に該当し得る。物理的な損害に加えて、サイバーインフラの機能を失わせることも考慮され得るし、侵害に該当し得る。コンピュータウィルスを使用してデータに暗号をかけ、相当の長期にわたりデータの使用を不可能にすることも含まれる。
　　　他国の固有の政府機能への妨害又は侵奪をするサイバー行動は主権侵害になり得る。例えば、社会保障・選挙・徴税・防衛活動といった国家の機能を妨害するようなサイバー行動が主権侵害に該当し得る。

　中国は国別見解を出していないが、OEWG 冒頭に出した文書で、「国家は他国の重要インフラに対するサイバー攻撃をしかけないことを約束すべきである。」「国家は、他国の重要インフラの安全と信頼を損なうために政策的・技術的優位を悪用すべきではない。」という二つの「行動規範」を 2015 年報告書の 11 の「行動規範」に追加することを提案している。
　スイスは、サイバー空間において何が主権侵害に該当するかを定義することは特別に難しく、結論は未だに明確になっていないと記しつつ、現在の議論に含まれる例として①インフラ又は関連の設備の機能に損害や制限が生じた事例、②データが改ざん又は削除され、社会サービスの提供、選挙や国民投票の実施、徴税などの国家固有の政府機能の充足が妨害される事例、③宣伝、誤情報、情報機関の秘密活動などの合法的・非合法的手段を組み合わせて他国の民主的意思決定手続を中断・遅延させる事例を挙げている。
　ブラジルは、通信の傍受 (interception)、他国領域に存在する情報システムに対するサイバー行動や域外に効果が及ぶサイバー行動は主権侵害を構成しうると指摘している。

　フランスは「国家機関、公権力の特権を行使する私人又は主体、国家の指示、指揮又は統制の下で行動する私人又は私人の集団によるフランスのサイバーシステムに対するすべてのサイバー攻撃又はサイバー手段を用いた方法によるフランスの領域における効果の発生は、主権侵害を構成する。」としている。

　日本を含む多くの国の立場から、重要インフラへのサイバー攻撃が国際法違反の主権侵害ひいては違法な干渉を構成する可能性があることが一つの重要な認識として注目できる。そのような立場に立てば、11 の「行動規範」に含まれる重要インフラの保護に関連する「行動規範」は主権侵害の禁止と関連する。

　2015 年報告書の「行動規範」13（f）（g）（h）に関連し、今般、重要インフラの分野が例示列挙され、オーストラリア及び日本等の提案でパラ 45 に「保健、医療インフラを保護していくことの決定的重要性に対する認識が COVID19 によって高まった。」と記された。また、サイバースペースの安定性に関するグローバル委員会（GCSC）の提言をふまえ、情報通信技術に関して高い専門的知識を有する 2 名の委員（外交官ではない）を中心に、インターネットのパブリック・コアに対する攻撃の禁止を記すことが提案され、同パラの「重要インフラはインターネットの利用可能性と信頼性に必須な技術インフラのことを指すこともある。」という記述となった。

　同パラに、「公衆への不可欠なサービスを提供する決定的に重要なインフラのセクターの他の例」として、「エネルギー、発電、水と衛生、教育、商業及び金融サービス、運輸、電気通信及び選挙プロセスが含まれ得る。」と記されたが、同時に、「各国はそれぞれの優先順位及び重要インフラの分類方法に従って自国領域内で自国として重要であると考えるインフラ又はセクターを決める。」と記された。さらに、「これらのインフラを例として強調することは国家が他のインフラを重要なものとして指定することを排除し、また上記で指定されていないインフラのカテゴリに対する悪意のある活動を容認するものではない。」と念押しされた。

　日本政府は、重要インフラの情報セキュリティ対策に係る第 4 次行動計画（2017 年策定）で、「重要インフラ分野」として、「情報通信」、「金融」、「航空」、

「空港」、「鉄道」、「電力」、「ガス」、「政府・行政サービス（地方公共団体を含む）」、「医療」、「水道」、「物流」、「化学」、「クレジット」及び「石油」の 14 分野を特定している。この 14 分野は重要インフラのサイバーセキュリティに係る行動計画（2022 年 6 月策定）に引き継がれた。同時に、「日本の基本的立場」には明記していないが、各国がそれぞれの優先順位に沿って何が重要インフラかを決めるべきであり、したがって、国際的に重要インフラに関する限定的な定義を設けることには問題があるというのが日本の考え方である。米国を含む多くの国は同じ基本的な考え方を有するので、報告書における記述は、重要インフラへの攻撃の例を具体的に説明しつつ、そこで例示されていない種類の重要インフラへの攻撃を正当化するものではないというバランスを取ったものである。

　主権侵害に関する法的な議論はさらに深める必要があるが、「行動規範」において、重要インフラへの攻撃を防止することの重要性につき掘り下げた解説が付されたことは重要な成果である。米英が国別見解においてニュアンスのある記述をしているのは、両国において、①物理的影響のない（極めて少ない）遠隔サイバー行動の自由を確保しなければならない、②経済社会的な影響の大きい重要インフラ攻撃を阻止しなければならないという二つの必要性のうち、後者を改めて重視し始めているからかもしれない。

　上記のように国によって言及している具体例は様々であることもあり、「日本の基本的立場」では、「主権侵害と違法な干渉の関係については、第 6 回 GGE や OEWG でも様々な意見が表明されており、国家実行や今後の議論を通じて特定されることが望まれる。」と記されている。

5　サイバー行動に関連する紛争は平和的に解決しなければならない

第 6 次 GGE 報告書の記述

　71 (a)　国連憲章第 2 条 3 及び第 6 章に基づく義務に従い、ICT の利用を伴うものも含め、いかなる紛争でもその継続が国際の平和及び安全の維持を危うくする虞のあるものについては、その当事者は、まず第一に、

憲章第33条に記されているような手段（すなわち交渉、審査、仲介、調停、仲裁裁判、司法的解決、地域的機関又は地域的取極の利用その他当事者が選ぶ平和的手段）による解決を求めなければならないことに本グループは留意する。本グループはまた、平和的手段による紛争の解決に関連する憲章の他の規定の重要性にも留意する。

　紛争の定義としては、常設司法裁判所の判決に用いられた「2者間の法又は事実に関する論点の不一致、法的見解又は利益の対立」[20] が一般に用いられる。国連憲章第1章「目的と原則」の中に位置づけられる第2条は「この機構及びその加盟国は、第1条に掲げる目的を達成するに当っては、次の原則に従って行動しなければならない。」とし、3項に「すべての加盟国は、その国際紛争を平和的手段によって国際の平和及び安全並びに正義を危くしないように解決しなければならない (shall settle)。」と規定している。
　また、国連憲章第6章「紛争の平和的解決」の中に位置づけられる第33条は1項で「いかなる紛争でもその継続が国際の平和及び安全の維持を危くする虞のあるものについては、その当事者は、まず第一に、交渉、審査、仲介、調停、仲裁裁判、司法的解決、地域的機関又は地域的取極の利用その他当事者が選ぶ平和的手段による解決を求めなければならない (shall seek a solution)。」と定めている。また、2項で、「安全保障理事会は、必要と認めるときは、当事者に対して、その紛争を前記の手段によって解決するように要請する。」と定めている。
　「日本の基本的立場」は次のとおりである。

　　サイバー行動が関わるいかなる国際紛争も、国連憲章第2条3に従って平和的手段によって解決されなければならない。また、国連憲章第33条に従って、サイバー行動が関わるいかなる紛争でもその継続が国際の平和及び安全の維持を危くする虞のあるものについては、その当事者は、まず第一に、交渉、審査、仲介、調停、仲裁裁判、司法的解決、地域的機関又は地域的取極の利用その他当事者が選ぶ平和的手段による

解決を求めなければならない。また、紛争の平和的解決のため、国連憲章第6章及び第7章に基づく安全保障理事会の権限や同憲章第14章及び国際司法裁判所規程に基づく同裁判所を含む他の国連機関の任務はサイバー行動に伴う紛争においても活用されるべきである。

2015年報告書では「国連憲章及びその他の国際法の諸原則に対する国家のコミットメントが特に重要であることを確認」されているが、諸原則の中に「国際平和及び安全並びに正義を危うくしないような平和的手段による国際紛争の解決、国際関係において武力による威嚇又は武力の行使をいかなる国の領土保全又は政治的独立に対するものも、又、国際連合の目的と両立しない他のいかなる方法によるものも慎まなければならないこと。」が明記されている。

このように、すでに、紛争の平和的解決についても、武力による威嚇又は武力の行使の禁止についても認識の一致があったので、その認識を今次報告書で繰り返すことに異論はなかった。第6次GGE報告書の記述は2015年報告書の記述をさらに発展させ、国連憲章第33条を引用し、憲章の他の規定の重要性にも言及することで第2条3の適用も確認している。

国別見解を見ても、紛争の平和的解決については、国連憲章の適用の文脈で当然のこととして言及している国（例えばロシア）や、エストニアや日本のように独立の項目として取り上げている国などもあるが、争いのない論点である。紛争の平和的解決の重要性を指摘しつつ、サイバー行動に対する安保理の役割を認めることに消極的な国があるので、今回、国連憲章第6章への言及があるのは前進であろう。「日本の基本的立場」には、国連憲章第6章（紛争の平和的解決）に基づく安保理の権限の活用に加えて、国際司法裁判所の活用が含まれている。紛争の平和的解決に重要性を指摘しながら、国際司法裁判所の管轄権を認めたくない国もあるからである。日本は国際社会における法の支配を重視し、国際司法裁判所規程の選択条項を受諾する宣言を行っており、同様の宣言を行った国との間で国際司法裁判所の強制管轄権が成立することを認めている。

　2022 年 2 月、エストニア政府主催で、タリン・マニュアル 3.0 作成プロセスの開始に関連するイベントとして、NATO 諸国及び NATO オブザーバー国が参加するオンライン・ワークショップが開催された。筆者は、GGE 委員仲間の Heli Tiirmaa-Klaar エストニア・サイバー大使に誘われ個人の資格で参加し、紛争の平和的解決に関するセッションの基調講演を行った。ワークショップで、タリン・マニュアル作成責任者のマイケル・シュミット教授らと意見交換を行い、タリン・マニュアル 3.0 のプロセスの初期段階で貢献することができたのは大変光栄なことであった。

　セミナー参加の準備をする過程で改めてタリン・マニュアル 2.0 の内容と、国別見解を分析したが、タリン・マニュアル 2.0 の記述を見て違和感を覚えた。タリン・マニュアル 2.0 の規則 65（紛争の平和的解決）には、「(a)国家は、サイバー活動を含む国際紛争であって国際の平和及び安全を危うくするものを、平和的手段によって解決するよう試みなければならない (must attempt to settle)。(b)国家は、サイバー活動を含む国際紛争であって国際の平和及び安全を危うくしないものの解決を試みる場合であっても、平和的手段によって行わなければならない (must do so)。」と書いてある。国際の平和及び安全を危うくしない国際紛争は解決しなくてもいいということであろうか。そこで、あらためて、国別見解を分析すると、大きく三つのグループに分けることができた。

　第 1 のグループは、国連憲章第 2 条 3 及び第 33 条の両方に言及しているものである。第 2 のグループは、第 33 条のみに言及しているものである。第 3 のグループは第 2 条 3 のみに言及しているものである。

　タリン・マニュアル 2.0 は第 33 条に引っ張られていると言えよう。紛争の平和的解決の義務は、1899 年の国際紛争平和的処理条約以降の国家実行と法的確信で今日においては国際慣習法になっている。国際司法裁判所もニカラグア事件判決で「いかなる紛争でも、特にその継続が国際の平和及び安全の維持を危くする虞のある紛争については、その当事者は、平和的手段による解決を探求しなければならない (should seek to)。」とし、国連憲章第 33 条にうたわれた (enshrined) この原則は「慣習法の地位も有する」と判示している。すなわち、国際の平和及び安全の維持を危くする虞のない紛争を含むいかな

る紛争も平和的手段で解決しなければならないというのが慣習法の内容ではなかろうか。「解決を試みる場合であっても」という記述は不要であると思われる。そうすると、タリン・マニュアル 2.0 の規則 65 で二つの種類の紛争に分けて記述する意味もないと思われる。

　では、サイバーの文脈で平和的に解決すべき紛争とは何か。国連における議論において、①サイバー以外の紛争を平和的ではないサイバー行動という手段で解決してはならない、②サイバー行動によって生じた紛争は平和的に解決しなければならないという二つのことが渾然一体と議論されていたように受け止めた。中国は前者を重視していたのであろうと思う。

6　キネティックな武力行使と同様な結果をもたらすサイバー行動は武力行使に該当し、国際法上禁止されている

第6次 GGE 報告書の記述

Ⅳ　国際法

　71 (d)　ICT を利用する際、また、国際連合憲章に従って、国家は、その国際関係において、武力による威嚇又は武力の行使を、いかなる国の領土保全又は政治的独立に対するものも、また、国際連合の目的と両立しない他のいかなる方法によるものも慎まなければならない。

　国連憲章第 2 条 4 は国際関係における武力行使一般を禁止している。キネティックな手段による武力行使又は武力攻撃に匹敵する規模及び効果を有するサイバー行動は武力行使又は武力攻撃を構成するとの考え方が多くの国連加盟国に広がっていると思われる。キネティック攻撃等とは運動エネルギーを用いる攻撃等を意味し、サイバー攻撃、サイバー行動と区別するために用いられる用語である。

　武力行使禁止に関する「日本の基本的立場」は次のとおりである。

　　　サイバー行動であっても、一定の場合には、国連憲章第 2 条 4 が禁ず

*る武力による威嚇又は武力の行使に当たり得る。同条に基づき、すべて
の国家は、その国際関係において、武力による威嚇又は武力の行使を慎
まなければならない。日本政府は、武力による威嚇とは、一般に、現実
にはまだ武力を行使しないが、自国の主張、要求を入れなければ武力を
行使するとの意思、態度を示すことにより、相手国を威嚇することをい
うと考えている。国際関係における武力による威嚇又は武力の行使を慎
む義務はサイバー行動に関する重要な義務である。*

　第 6 次 GGE の議論の中で、武力行使禁止について、2015 年報告書に記さ
れている内容を繰り返すことについては異論がなかった。その結果、第 6 次
GGE 報告書パラ 71（d）の記述となった。この記述の「その国際関係において」
以降の部分は国連憲章第 2 条 4 そのものである。つまり、この記述は、国連
憲章第 2 条 4 が国家によるサイバー行動においても適用されることを確認し
ているのである。

　各国の立場から、武力行使の禁止に関する共通認識を確認したい。

　ほとんどの国が、キネティックな手段による武力行使と同じ効果があるサ
イバー行動は武力行使に該当するとの考えを表明している。その効果とは、
人の死傷、物の損傷・破壊である。いくつかの国は規模及び効果に言及して
いる。そのうちドイツとオランダは国際司法裁判所のニカラグア事件判決を
引用している。また、ドイツ、フランス、スイスは武力行使の禁止は「使用
される兵器の如何を問わず」適用されるという国際司法裁判所の核兵器使用
の合法性に関する勧告的意見で表明された立場を引用している [21]。

　武力行使の具体例として、ノルウェーは、政府又は民間の電力網や電気通
信インフラに対する暗号ウィルス又はその他の形態のデジタル妨害の使用、
COVID-19 のワクチン備蓄の破壊につながるサイバー行動など国家の機能に
深刻な混乱を引き起こすサイバー行動、国家の金融及び銀行システムに対す
る暗号ウィルス又はその他の形態のデジタル妨害の使用、広範な経済効果と
不安定化を引き起こすその他のサイバー行動を挙げている。

　オランダは、「純粋に経済的、外交的、政治的な圧力又は強制は、第 2 条

4 に基づく武力（force）とは定義されていない。例えば、貿易関係の停止や資産の凍結は、影響を受ける国にとって非常に不利になる可能性があるが、今日まで、憲章の意味における禁止された形態の武力とは考えられていない。」と述べている。

　2012 年 9 月、米国国務省法律顧問は講演の中で、武力行使について、①原子力施設のメルトダウンを引き起こす活動、②ダムを人口密集地に開放し破壊する活動、③航空管制を不能にして航空機を墜落させる活動を例示し、また、常識的に考えて、爆弾を投下する又はミサイルを発射するのと同様の物理的な損害を生じさせるサイバー攻撃は武力行使であるととらえられるべきであると述べている。

　第 6 次 GGE で、武力による威嚇又は武力の行使の禁止について具体的な定義が必要であるという主張もあった。その中には誠実にそう主張する委員もいれば、定義ができないのであれば武力行使禁止義務がサイバー行動に適用されるという結論が出せないという趣旨の主張 [22] もあった。しかし、多くの委員は、上記の米国法律顧問の講演の内容は意識しつつも定義の議論に深入りしなかった。国別見解でブラジルは、侵略の定義に関する国連総会決議 3314（1974 年 12 月 14 日採択）に言及しつつ、サイバー攻撃の場合を含むような形で武力行使及び侵略に該当する行為は何かに関する多国間の理解を更新することが望ましいと主張している。

　国連憲章では、第 1 条（国際連合の目的）の第 1 項に「国際の平和及び安全を維持すること。そのために、平和に対する脅威の防止及び除去と侵略行為（acts of aggression）その他の平和の破壊の鎮圧とのため有効な集団的措置をとること並びに平和を破壊するに至る虞のある国際的の紛争又は事態の調整又は解決を平和的手段によって且つ正義及び国際法の原則に従って実現すること。」と記され、第 39 条に「安全保障理事会は、平和に対する脅威、平和の破壊又は侵略行為（act of aggression）の存在を決定し、並びに、国際の平和及び安全を維持し又は回復するために、勧告をし、又は第 41 条及び第 42 条に従っていかなる措置をとるかを決定する。」と記されている。侵略の定義に関する決議は付属書（以下「侵略の定義」）に侵略の定義を示し、加盟国に対して侵略

行為を行わないことを要求し、安全保障理事会に対して同理事会が憲章の規定に従って侵略行為の存在を決定する際にその定義を考慮するよう勧告している。「侵略の定義」第1条は「侵略とは、国家による他の国家の主権、領土保全若しくは政治的独立に対する、又は国際連合の憲章と両立しないその他の方法による武力の行使であって、この定義に述べられているものをいう。」と定めている。同時に、同「定義」第6条では「この定義中のいかなる規定も、特に武力の行使が合法的である場合に関する規定を含めて、憲章の範囲をいかなる意味においても拡大し、又は縮小するものと解してはならない。」としている。そうすると、同「定義」における侵略とは、「すべての加盟国は、その国際関係において、武力による威嚇又は武力の行使を、いかなる国の領土保全又は政治的独立に対するものも、また、国際連合の目的と両立しない他のいかなる方法によるものも慎まなければならない。」という国連憲章第2条4の武力の行使と異ならないのではないかと思われる。また、フランス語を母国語とする国にとっては、agression は第51条の agression armée（「武力を用いた侵略」とも訳せる。同条の該当箇所は英語では armed attack、日本語では武力攻撃となっている）に含まれる概念であるので武力攻撃と侵略の関係をどう整理するのかという論点が生じる。国際司法裁判所は、ニカラグア事件判決で、「侵略の定義」第3条パラ(g)に記された「上記の諸行為に相当する武力行為を他国に対して行う武装部隊、集団、不正規兵又は傭兵の派遣、又はかかる行為に対する国の実質的関与」が武力攻撃に該当することは慣習国際法であるとの考えを表明している。しかし、「上記の諸行為」は「侵略の定義」では「侵略行為」の例として挙げられている。つまり、国際司法裁判所は同判決では「侵略」と「武力攻撃」を同義のものとして扱ったと考えられる。他方、タリン・マニュアル2.0規則71の解説では「「武力攻撃」と「侵略」は区別されなければならない。武力攻撃は自衛権の発動の条件の一つである。これに対して、侵略とは、国連安保理による憲章第7章に基づく権限行使を可能にする事態の一つである。侵略行為は武力攻撃となりうるが、常にそうとは限らないかもしれない。」と整理されている。侵略の定義に関する国連総会決議3314自体、国連憲章における侵略、武力行使及び武力攻撃という用語の意味を具体

的に掘り下げることの難しさを示している。しかし、これは、サイバー行動の法的評価以前の問題である。

　国連憲章第 51 条において自衛権発動の要件となっている武力攻撃については、武力行使のうち最も重大な形態のものという共通認識がある。国別見解で、ドイツ、オランダ、英国、オーストラリア、スイス、エストニア、ノルウェーなどが国際司法裁判所のニカラグア事件判決[23] で示された「規模及び効果」基準に言及している。

　武力攻撃に該当する事例として、ノルウェーは「国家の重要インフラ又は機能に深刻な損害を与える、又は無効にするサイバー行動は、国際法の下での武力攻撃に相当すると考えられる可能性がある。規模や効果によっては、航空機の墜落を引き起こすサイバー行動もこれに含まれる可能性がある。」と具体的に記している。

　武力攻撃に至らない武力行使が繰り返されるときは、それら一連の行為全体が武力攻撃とみなすことができるという「累積理論」を主張する国（イスラエル、米など）や学説がある（岩沢、2020 年、707 頁）。また、国際司法裁判所は 2003 年のオイル・プラットフォーム事件本案判決や 2005 年のコンゴ領域における軍事的活動事件判決で累積理論を前提としたと思われる論を展開している（浅田正彦編著、2022 年、478 頁）。国別見解でフランスは「単独では武力攻撃の閾値に達しないサイバー攻撃であっても、その効果の累積が十分な深刻度の閾値に達する場合、又は、武力攻撃を構成する物理的な戦域における(dans le champs d'action physique) 作戦と同時に実行される場合で、これらの攻撃が連携しており、同一の主体によるもの、又は、連携して行動する異なる主体によるものの場合には武力攻撃を構成する。」との立場を明らかにしている。

7　武力攻撃に該当するサイバー行動に対する自衛権行使は認められる

第 6 次 GGE 報告書の記述

Ⅳ　国際法

71 (e)　人類共通の利益のために ICT を平和的に利用することへの国際社会の希求を強調し、国連憲章が全体として適用されることを想起し、本グループは、国際法に合致し国連憲章で認められている措置をとる国家固有の権利及びこの問題に関する継続的な研究の必要性に再度留意した。

国連憲章第 51 条は、「この憲章のいかなる規定も、国際連合加盟国に対して武力攻撃が発生した場合には、安全保障理事会が国際の平和及び安全の維持に必要な措置をとるまでの間、個別的又は集団的自衛の固有の権利を害するものではない。」と規定している。同条の「自衛の固有の権利」は英語正文では inherent right（国家の生来の権利）of self-defense、仏語正文では droit naturel（国家の自然権）de légitime défense（正当防衛）であることからも明らかなとおり、自衛権は憲章の規定によって創設されたものではなく、慣習国際法である。自衛権の行使とは、武力を行使して侵害を排除することである。
　自衛権に関する「日本の基本的立場」は次のとおりである。

*　サイバー行動が、国際連合憲章第 51 条にいう武力攻撃に当たる場合には、国家は、国際連合憲章第 51 条において認められている個別的又は集団的自衛の固有の権利を行使することができると考えられる。*

なお、日本政府は、サイバー行動に限らず、「一国に対する組織的・計画的な武力の行使」である「武力攻撃」の発生を要件とする国連憲章第 51 条の定める自衛権と併存するかたちで、「武力攻撃」に至らない実力の行使に対抗するための必要最小限度の実力の行使の違法性を阻却する慣習国際法上の自衛権が存在しているとの立場を取ってきている（小松、2015 年、349 頁）。

武力攻撃に該当するサイバー行動に対して自衛権を行使できることにつきほぼ異論がない。
　2011 年にロシアが配布した国際情報安全保障条約コンセプトの第 5 条

「国際情報安全保障を確保するための主要原則」の第 11 項には「各締約国は情報空間における自国に対する侵略的行為 (aggressive actions) に対し、侵略 (aggressions) の起源が信頼できる程度に特定でき、報復措置が適切な場合の自衛の不可侵の権利 (inalienable right to self-defense) を有する」と記されている。

　2015 年報告書パラ 28 (c) には、「人類共通の利益のために ICT を平和的に利用することへの国際社会の希求を強調し、国連憲章が全体として適用されることを想起し、本グループは、国際法に合致し国連憲章で認められている措置をとる国家固有の権利に留意した。」との記述がある。言うまでもなく、このパラは自衛権について記しているものである。2015 年の時点で、国連憲章第 51 条の引用も自衛権という用語の明記も実現しなかったということである。2017 年に第 5 次 GGE が報告書を採択できずに終わったが、その際キューバ出身の委員が報告書案に反対して行った発言が公開されている。反対理由として次のようなことを主張している。

　　　私は、サイバー空間を軍事作戦の戦域に変え、ICT の不正な使用の被害者と称する国家による制裁の適用や軍事行動さえも含む一方的な懲罰的武力行使を正当化しようとする一部の委員の偽りの主張(それは案文のパラ 34 に反映されている)について、我々の深刻な懸念を表明しなければならない。案文に含まれる内容で、悪意のあるサイバー行動と国連憲章第 51 条の「武力攻撃」を同等に扱おうとしている部分は受け入れられない。それはその文脈における自衛権のいわゆる適用を正当化しようとする試みである。

　筆者は第 6 次 GGE において、その報告書では自衛権という用語を明記すべきであることを主張した [24] が、結局中国の強い反対で実現しなかった。GGE においては中国が一貫して「自衛権」を明記することに反対してきているが今回も主張を変えなかった。中国が OEWG などの場で公にも表明している理由は、サイバー空間を新たな戦場にしてはならないというものである [25]。上記キューバ出身委員の発言は中国の主張に類似している。武力攻

撃に該当するサイバー行動が発生した場合の自衛権を認めることがサイバー戦争を助長するわけではない。中国がそのような主張をする意図は、自国のサイバー活動が自衛権行使の対象となることを極力回避すること、及び、国際法の適用の各論をできる限り未整理にしておき新条約交渉につなげることにあるのかもしれない。国連憲章の諸原則の重要性は強調しつつ、自衛権の明記は認めないのは恣意的である。筆者は、第6次GGE報告書採択前の発言において「法的拘束力のない文書が国際法（特に国連憲章すら害することのなかった国家固有の権利）を変更することはできない」ことを指摘しておいた。

ロシアは第2次OEWGにおいてサイバーの文脈での「攻撃」等の用語を定義することを提案している。ロシアが2021年に出した「国際情報安全保障：ロシアのアプローチ」[26]では「ほとんどの国が国連憲章第51条にうたわれた自衛の原則はICT環境において適用されることに賛同している。しかしながら、サイバー事案を武力紛争と分類するための基準をOEWGにおけるさらなる作業が決定することが重要である。」と記されている。しかし、既存の国際法と異なる概念や定義が生まれないよう注意を要する。第6次GGE報告書にある「この問題に関する継続的な研究の必要性に留意」という文言が、一定のサイバー行動に対して自衛権を行使できることは確認済みであるとの前提で、サイバー行動に対する自衛権の適用に関する議論をさらに深めていくきっかけとして活用されることを期待したい。

(1) 武力攻撃の発生

国際法上の自衛権行使の要件は、①武力攻撃の発生（又は急迫不正の侵害の発生）、②武力攻撃（侵害）を排除するために他に合理的な手段がないこと（必要性）、③武力攻撃（侵害）を排除するために必要な限度に限られ、武力攻撃（侵害）の程度と均衡がとれていなければならないこと（均衡性）の三つであるとされる。

これらの要件は、国際法上の自衛権の先例と言われる1837年のカロライン号事件[27]の際に、ウェブスター米国国務長官が英国に対して自衛権行使を正当化するために満たされるべき要件（今でもウェブスターの要件（Webster formula）と呼ぶことがある）として書簡で明示したことから発展したものである。

　サイバー行動に対する自衛権の行使の際には自衛権一般に関連する諸制約も適用される。第6次GGE報告書作成を機会に多くの国が自衛権に関しても見解を表明しており、非常に参考になる。

　一定のサイバー行動に対して自衛権を行使することは国際法上国家固有の権利として認められているという一般論を基礎として、個別具体的なサイバー行動に対して国際法上の自衛権が行使できるか否かを判断する際にも国際法上の自衛権行使の要件が該当すると考えるべきである。国別見解の中にも自衛権の要件に言及するものが複数存在した。それらの見解を分析すると、自衛権一般に関して存在する論争はサイバー行動の文脈でも存在し続けることがわかる。サイバー行動は匿名性が高く、効果が瞬時に発生し、同時多発が容易であるといった特性があるため、要件の当てはめに関して具体的な議論がさらに必要であるとも言えるであろう。

　まず、急迫性であるが、自衛権一般に関して存在する、先制的自衛権に関する議論がサイバー行動に伴う自衛権にも持ち込まれたと言える。

　米国は、「国連憲章第51条で認められている国家固有の自衛権は特定の状況において現実の又は急迫している武力攻撃に相当するサイバー活動に対して行使することができる。」との立場を表明している。英国も、「急迫している又は進行中の武力攻撃に対する固有の自衛権の行使は、武力攻撃がキネティック手段によるものか又はサイバー手段によるものかを問わず、それ自体がサイバー又はキネティック手段によるものであり得る。」と表明している。

　オーストラリアはかなり具体的に踏み込み、次のような考えを表明している。

　　　サイバー活動が単独で又は物理的な行動と組み合わさって伝統的な武力攻撃と同等の損害をもたらす、又はその急迫している脅威となる場合、固有の自衛権が行使される。（中略）攻撃主体が明確に武力攻撃の実行を決断しており被攻撃主体が行動しない限り自らを効果的に防衛する最後の機会を逸する状況において国家は武力攻撃に対して先制的な

(anticipatory) 自衛の行動をとることができる。例えば、攻撃的サイバー行動の形での武力攻撃の威嚇があった場合(中略)、それが大規模な人命の損害及び重要インフラの損害をもたらす場合を考えてほしい。そのような攻撃は 1 秒未満 (split second) で開始され得る。国家はその 1 秒未満の時間が終わるまで行動する権利がないと真剣に提言することができようか。

　フランスは「例外的な状況において、フランスは『いまだ開始 (déclenchée) されていないが、急迫していて確実な方法でまさにいま開始されようとしている (sur le point de l'être) サイバー攻撃に対してその侵略の潜在的インパクトが十分に深刻であることを条件に』、先制的自衛権 (la légitime défense préemptive) を行使することを自らに認める。しかしながら、予防的自衛権 (la légitime défense préventive) を根拠とする武力行使の合法性は認めない。」との立場を表明している。

　シンガポールは「武力攻撃に相当する悪意のあるサイバー行動、又はその急迫している脅威が国家に対して発生した場合、国家は自衛の固有の権利を有する。」と記している。ドイツは、「国連憲章第 51 条は、国家が自衛に頼ることができる対象の攻撃が「急迫している」ことを要求している。悪意のあるサイバー行動に対する自衛についても同様である。まだ攻撃を開始していない潜在的な攻撃者に対する打撃は、合法的な自衛には当たらない。」との立場を表明している。

　日本政府は、自衛権一般に関し、我が国に対する武力攻撃発生の時点とは武力攻撃に着手があった時点を指すとの立場を繰り返し表明してきている[28]。自衛権とサイバーとの関連に関するものではなく、我が国に対する武力攻撃の着手一般に関するものであるが、第 156 回国会参議院決算委員 (2003 年 5 月 7 日) 会における石破防衛庁長官答弁は国会の場などでよく引用される。

　　被害を受けてからでなければ駄目だということでは必ずしもないだろうと思っております。それは、私が以前、衆議院の安全保障委員会で答弁を申し上げましたのは、昭和三十一年の船田防衛庁長官代読の鳩山内閣総理大臣答弁という、こういう明文なものがございまして、要は、自

衛権発動の三要件は、我が国に対する急迫不正の武力攻撃があること、ほかに手段がないこと、必要最小限度にとどまるべきことと、この三つですね。この1番目の、じゃ我が国に対する急迫不正の武力攻撃があることというのは、被害があってからではないのだろう、しかしながらおそれの段階では駄目なのだろうということです。そうしますと、それじゃこれから、どの国でもよいのですが、東京を火の海にするぞと言ってミサイルを屹立させ、燃料を注入し始め、それが不可逆的になった場合というようなのは、一種の着手であり不可逆的な状態なのだろう。だから、私どもはあくまで自衛権行使の三要件というものは、これはきちんと守っていくということは、私どもはこう変えたことは一度もございません。

　筆者は、「国家はその1秒未満の時間が終わるまで行動する権利がないと真剣に提言することができようか。」というオーストラリアの立場を読んで、次の昭和31年2月29日の衆議院内閣委員会における鳩山内閣総理大臣答弁（船田防衛庁長官代読）を連想せずにはいられなかった。

　　わが国に対して急迫不正の侵害が行われ、その侵害の手段としてわが国土に対し、誘導弾等による攻撃が行われた場合、座して自滅を待つべしというのが憲法の趣旨とするところだというふうには、どうしても考えられないと思うのです。そういう場合には、そのような攻撃を防ぐのに万やむを得ない必要最小限度の措置をとること、たとえば誘導弾等による攻撃を防御するのに、他に手段がないと認められる限り、誘導弾等の基地をたたくことは、法理的には自衛の範囲に含まれ、可能であるというべきものと思います。

　第6次サイバーGGEを契機に日本を含む各国がサイバー行動に対する国際法の適用に関する立場を公表したことによって、サイバー行動と武力行使・武力攻撃に関する議論が日本の国会の場でも進んだように感じる。例えば、2022年4月13日、衆議院外務委員会で大和太郎政府参考人（防衛省防衛

政策局次長）は次のような答弁を行っている。

　御指摘のとおり、サイバー攻撃単体であっても、例えば物理的手段による攻撃と同様の極めて深刻な被害が発生するような場合などは、武力攻撃に当たり得ると考えているところであります。では、実際にどのようなサイバー攻撃であれば、それのみをもって武力攻撃に当たるかについては、物理的手段による攻撃と同様、実際に発生した事態の個別具体的な状況に即して、様々な情報を総合して判断すべきものであると考えています。（中略）我が国においてサイバー攻撃と武力攻撃との関係を考える上で一つの参考となるものがありますので、御紹介をさせていただきます。これは米国の国防省が戦争をめぐる国際法について 2015 年に公表した文書でありまして、ここでは、物理的手段により実行された場合に国連憲章第 2 条 4 項の武力の行使とみなされるような効果をもたらすサイバー攻撃は当該武力の行使とみなされるであろうとしておりまして、そのようなものとして以下の三つの例を挙げております。一つは、原子力発電所のメルトダウンを引き起こすもの、二つ目は、人口密集地域の上流のダムを開放し、被害をもたらすようなもの、三つ目は、航空管制システムの不具合を引き起こし、航空機墜落につながるようなものということであります。（後略）

　また、同年 6 月、内閣は、衆議院議員奥野総一郎君提出「専守防衛」及び「サイバー攻撃」に関する質問に対する答弁書の中で次のような立場を表明している。

　特定のサイバー攻撃が武力攻撃に該当するかどうかについては、実際に発生した事態の個別具体的な状況に即して、政府がすべての情報を総合して客観的、合理的に判断することとなるため、一概にお答えすることは困難である。また、どの時点で我が国に対する武力攻撃の発生、すなわち武力攻撃の着手があったと見るべきかについては、その時点の国

際情勢、相手方の明示された意図、攻撃の手段、態様等によるものであり、個別具体的な状況に即して判断する必要があることから、一概にお答えすることは困難である。

　我が国の対応については、個別具体的な状況に照らして判断すべきであり、一概にお答えすることは困難であるが、いずれにせよ、我が国としては、関係する国内法令及び国際法に照らし、適切に対応することとなる。なお、政府としては、サイバーセキュリティ戦略（令和三年九月二十八日閣議決定）を踏まえ、サイバー攻撃に対する防御力、抑止力及び状況把握力を向上させるとともに、我が国の安全保障を脅かすようなサイバー空間における脅威に対しては、同盟国・同志国とも連携し、政治、経済、技術、法律、外交その他のとり得る全ての有効な手段と能力を活用し、断固たる対応をとることとしている。

(2) 非国家主体による武力攻撃に対する自衛権の行使を認めるか

　国別見解の中で、ドイツと米国は非国家主体による武力攻撃に対する自衛権の行使を明示的に認めている。

　2001 年 9 月 11 日の米国における同時多発攻撃を受けて、同年 10 月、NATO（北大西洋条約機構）事務総長は、北大西洋理事会において北大西洋条約第 5 条の発動を宣言した。北大西洋条約第 5 条は次のとおり規定する。

　締約国は、ヨーロッパ又は北アメリカにおける締約国の 1 又は 2 以上に対する武力攻撃を、全締約国に対する攻撃とみなすことに同意する。締約国は、右の武力攻撃が行われるときは、各締約国が、国際連合憲章第 51 条によって認められている個別的又は集団的自衛権を行使して、北大西洋地域の安全を回復し及び維持するために、兵力の使用を含めてその必要と認める行動を、個別的に及び他の締約国と共同して、直ちに執ることによって、右の攻撃を受けた 1 以上の締約国を援助することに同意する。右の武力攻撃及びその結果として執ったすべての措置は、直ちに安全保障理事会に報告しなければならない。右の措置は、安全保障

理事会が国際の平和及び安全を回復し及び維持するために必要な措置を執ったときには、終止しなければならない[29]。

　非国家主体によって行われた911同時多発攻撃に対してNATOが北大西洋条約第5条の発動を宣言したということは、同攻撃が自衛権発動を正当化する武力攻撃であると認定し、米国は個別的自衛権を行使して、他の締約国は集団的自衛権を行使して兵力の使用を含む必要な行動をとることを決定したということである。

　NATO加盟国である米国とドイツがサイバーの文脈でも非国家主体による武力攻撃に対する自衛権行使の可能性を認めたことはこの先例に合致している。日本政府も、911同時多発攻撃に関し、平岡秀夫衆議院議員の質問主意書に対する2007年10月23日付の政府答弁書の中で「平成十三年のテロ攻撃は、同時に複数の航空機を不法に奪取した上で複数の標的を攻撃する等高度の組織性及び計画性が認められること等から、国際連合憲章（以下「国連憲章」という。）第51条にいう「武力攻撃」に当たるものと考えられる。」との立場を表明している。

　前出のカロライン号事件では、英国が自衛権行使の対象とした行為は米国領内における非政府主体による英領カナダ内独立運動支援のための人員・物資の輸送であった。国際法上の自衛権の先例と言われる事件においても侵害行為は非国家主体によって行われていたのである。なお、カロライン号事件については、自衛ではなく、緊急避難の先例であるという論者も多い。しかし、現代においては、緊急避難では武力行使の違法性は阻却されない（緊急避難を根拠として武力行使を行うことは正当化されない）ことには留意が必要である。

　ブラジルは「自衛は、国家によって行われた、又は国家に帰属される武力攻撃によってのみ生じる。非国家主体が国家の実効的な管理の下で行動していない限り、非国家主体による行為への対応として自衛を発動することはできない。」との立場を表明している。

(3) サイバー行動に対する自衛権の行使の際にも必要性及び均衡性が要件となる

　国別見解の中で、米国、英国、オーストラリア、ドイツ、オランダ、エストニア、スイスがサイバー行動に対する自衛権行使の際にも必要性及び均衡性が要件となるという趣旨の考えを公表している。

　必要性の要件とは、急迫不正の侵害を排除するために他に適当な手段がないことである。必要性に関しては、米国は「自衛のための強制行動に頼る前に、国家は、受動的サイバー防衛又は武力行使未満の能動的防衛が武力攻撃又はその急迫している脅威を無力化する(neutralize)する上で十分かを検討しなければならない。」と述べている。オランダは、自衛権行使は「意図が攻撃を終わらせることであり、措置がその目的を超えず、実行可能な代替手段がない場合にのみ正当化される。」との立場である。

　均衡性の要件とは、自衛権の行使としてとられる対応が急迫不正の侵害を排除するために必要な限度内であり侵害と均衡の取れたものでなければならないということである。均衡性に関し、オーストラリアは、「範囲、規模及び期間において均衡の取れた対応でなければならない。」、オランダは、「均衡性の要件は、エスカレーションのリスクを抱え、攻撃を終わらせたり近い将来の攻撃を防いだりするために厳に必要ではない措置を除外する。」、ドイツは、「自衛は、その行使の引き金を提供した攻撃と同じ手段を使用する必要はない。」、ノルウェーは、「デジタル及び従来の手段の両方を含むことができる。」との考えを表明している。

(4) サイバー行動に対して行使できる自衛権には集団的自衛権も含まれる

　「日本の基本的立場」には「集団的自衛権」が明記されている。国別見解で、日本以外にも、オーストラリア、ブラジル、エストニア、フランス、ノルウェー、英国、米国が集団的自衛権に言及している。一定のサイバー行動に対して自衛権を行使することができるとの立場を明示している他の国も国連憲章又は国連憲章第 51 条を引用しているので、個別的自衛権とともに集団的自衛権も行使できることを肯定していると考えられる。

　第 6 次 GGE 以前から日本政府及び米国政府は日米防衛協力の文脈でサイ

バー攻撃が一定の場合に武力攻撃に該当し、個別的又は集団的自衛権の行使の対象となることを前提に、日米間でサイバー攻撃へのシームレスな共同対処を確認している。

まず、2015年4月の「日米防衛協力のための指針」（外務省条約課長であった筆者も交渉に参加）でサイバー領域での協力が次のとおり確認された。

> 自衛隊及び日本における米軍が利用する重要インフラ及びサービスに対するものを含め、日本に対するサイバー事案が発生した場合、日本は主体的に対処し、緊密な二国間調整に基づき、米国は日本に対し適切な支援を行う。日米両政府はまた、関連情報を迅速かつ適切に共有する。日本が武力攻撃を受けている場合に発生するものを含め、日本の安全に影響を与える深刻なサイバー事案が発生した場合、日米両政府は、緊密に協議し、適切な協力行動をとり対処する。

この時点では、「日本が武力攻撃を受けている場合に発生するものを含め」となっており、サイバー手段のみによる武力攻撃については排除していないが、明記はされていなかった。

2019年4月の日米安全保障協議委員会（「2＋2」）共同発表で、日米外務・防衛相は、「国際法がサイバー空間に適用されるとともに、一定の場合には、サイバー攻撃が日米安保条約第5条にいう武力攻撃に当たり得ることを確認」した。言い換えれば、一定の場合にはサイバー手段のみによる武力攻撃が存在すること、そのような武力攻撃に対しても日米安保条約第5条が適用されることを確認した。

日米安保条約（正式名称：日本国とアメリカ合衆国との間の相互協力及び安全保障条約）は、前文の中で「両国が国際連合憲章に定める個別的又は集団的自衛の固有の権利を有していることを確認」し、第5条で次のとおり規定している。

> 各締約国は、日本国の施政の下にある領域における、いずれか一方に対する武力攻撃が、自国の平和及び安全を危うくするものであることを

認め、自国の憲法上の規定及び手続に従つて共通の危険に対処するように行動することを宣言する。前記の武力攻撃及びその結果として執つたすべての措置は、国際連合憲章第五十一条の規定に従つて直ちに国際連合安全保障理事会に報告しなければならない。その措置は、安全保障理事会が国際の平和及び安全を回復し及び維持するために必要な措置を執つたときは、終止しなければならない[30]。

　日本に対する武力攻撃への対処は、日本にとっては個別的自衛権の行使、米国にとっては基本的には集団的自衛権の行使となる。

　慣習国際法上、武力攻撃を受けていない国が集団的自衛権を行使するためには武力攻撃を受けた国からの要請又は同国の同意が必要である。日米安全保障条約及び北大西洋条約のように一定の領域内で同盟国が武力攻撃を受けた場合の共同対処をあらかじめ約束する内容の国際約束があれば事案毎の個別の要請・同意は不要である。一定の場合の集団的自衛権の行使を含む同盟条約は締約国に対する武力攻撃を抑止することに目的がある。自国に対する武力攻撃がない中、自国の存立が脅かされていることのみを以て武力を行使することはできない。あくまでも武力攻撃を受けた国からの要請又は同意が必要である。日本国憲法9条の下で行使できる自衛権は国際法上行使できる個別的又は集団的自衛の固有の権利より狭いというのは憲法論であり、存立危機事態における我が国の対応が国際法を遵守して行わなければならないことは言うまでもなく、我が国が武力攻撃を受けていない中で集団的自衛権を行使する際には武力攻撃を受けた国からの要請又は同意が必要である[31]。

8　サイバー行動に関しても集団安全保障が原則で自衛権行使が例外である

　ここで、武力行使や武力攻撃が発生した際の国連安保理の役割を確認したい。ここまで武力行使禁止、武力攻撃が発生した場合の自衛権について述べてきたが、国連憲章による武力行使の禁止は安全保障理事会の強制行動と

セットで考えなければならない。国連憲章では、国連加盟国は、いかなる紛争についても、国際的摩擦に導き又は紛争を発生させる虞のあるいかなる事態についても、安全保障理事会又は総会の注意を喚起することができることとなっている（第35条）。また、安全保障理事会は、平和に対する脅威、平和の破壊又は侵略行為の存在を決定し、国際の平和及び安全を維持し又は回復するために、勧告をするか強制行動をとることが原則となっている（第39条）。国連憲章第41条は「兵力の使用を伴わない措置」を定めている。いわゆる経済制裁である。国連憲章第42条は国際の平和及び安全の維持又は回復に必要な空軍、海軍又は陸軍の行動を定めている。いわゆる軍事的措置である。安保理の決定による軍事的措置を一般に集団安全保障措置と呼ぶ。国連憲章第43条に規定する正規の国連軍が成立しなかったため、国連憲章第42条に基づく安保理の決定は、国連加盟国による武力行使を承認する安保理決議の採択という形をとってきた。

　国連憲章第51条そのものに、「安全保障理事会が国際の平和及び安全の維持に必要な措置をとるまでの間、個別的又は集団的自衛の固有の権利を害するものではない。この自衛権の行使に当って加盟国がとった措置は、直ちに安全保障理事会に報告しなければならない。また、この措置は、安全保障理事会が国際の平和及び安全の維持又は回復のために必要と認める行動をいつでもとるこの憲章に基く権能及び責任に対しては、いかなる影響も及ぼすものではない。」と記されている。この規定によって、自衛権行使は安全保障理事会が必要な措置をとることができない場合の手段であることが明らかである。日米安保条約は集団安全保障が優先されることについてさらに明確である。上記のとおり、日米安保条約第5条は、武力攻撃及びその結果として執つたすべての措置は、「安全保障理事会が国際の平和及び安全を回復し及び維持するために必要な措置を執つたときは、終止しなければならない。」と規定している。

　ブラジルは、国別見解において、「自衛権は一時的な解決策であるべきである。（中略）サイバー攻撃の新しさと不確実性にかんがみ、安保理への報告はますます重要である。（中略）安保理に事案が報告された後は、自助の一時

的な行為は国連憲章に沿って採択され実施される集団的行動に取って代わられることが期待される。」と記している。

　このように見ると、安保理の役割に関する議論を抜きにサイバーセキュリティの議論はできないはずである。しかし、ロシア及び中国はサイバーセキュリティに安保理を関与させることにきわめて強硬に反対してきた。それは、サイバー行動についての帰属の判断（行為者の特定と国家への帰属の立証）は困難であるという主張、そのような判断は新たなメカニズムを設置して集団的に行うべきであるとの主張を貫くためであったのではないかと私は想像する。拒否権を有しているので何も心配することはないのではないかと思うのだが、安保理の場で、自国によるサイバー攻撃が武力攻撃に該当するとか強制措置の対象にすべきであるといった主張が行われること自体も避けたいのであろう。

　エストニアは、2020 年及び 2021 年の 2 年間の安保理非常任理事国任期中、段階的にサイバーセキュリティの問題を安保理の活動の中に位置づけるべく努力し、一定程度成功した。

　エストニアは、まず、2020 年 5 月 22 日、アリア・フォーミュラ会合の形で「サイバー安定、紛争解決及び能力構築」のテーマで議論の場を設けた。その上で、翌 2021 年 6 月 29 日には公開討論の形式でサイバーセキュリティを議題とした。筆者も、国連安保理を 2 回経験（外務本省国連政策課補佐として 1997-1998 任期の前半に関与、国連代表部政務部長（公使）として 2016-2017 の任期を通して日本の安保理チームを統括）していたので、可能な限りの協力をした。COVID-19 の影響でそれらの会合はいずれもオンラインで行われたため、筆者はニューヨークに出張せずに自宅から発言を行ったり、ステートメントを提出したりすることができた。国連安保理の会合は通常、理事国の常駐代表又は代理が議場で発言する形で行われる。アリア・フォーミュラ会合は正式な安保理会合ではないが、理事国が主導して、非理事国や国際機関・NGO など比較的自由に参加者を募り、安保理以外の議場で行うきわめて非公式な会合である。安保理手続に関する 2017 年の安保理議長ノート 507（文書番号 S/2017/507。日本が安保理文書手続作業部会議長としてとりまとめたもの）によれば、アリア・フォーミュラ会合とは概ね安保理理事国が安保理の審議をさらに促進するこ

とを目的として理事国以外の国連加盟国や関係機関、個人等を招いて柔軟な方式で非公式な議論を行う場である。つまり、その開催主体は機関としての安保理ではないので、開催につき安保理内での意思決定は不要なのである。

　これに対し、公開討論とは、安保理の公式会合の1種類(公式会合には、①公開討論、②討論、③ブリーフィング、④採択会合の4種類がある)であり、同議長ノートによれば安保理理事国以外の国連加盟国は自ら要請することにより会議に招かれ発言することが可能である。公開討論は1か月単位で国名のアルファベット順で交代する安保理議長国の主導で毎月1〜2回開催され、非理事国が安保理において自国の立場を表明する機会となるので、数十か国が参加登録し、時には丸1日がかりで討論が行われる。もっとも、長時間演説が続くので、安保理の議席に座っている代表は常駐代表→次席常駐代表→政務部長→専門家(当該議題の担当のこと)と徐々にレベルが下がっていく。このことに憤慨する非理事国常駐代表がたまにいるが、その国が安保理に入るとたいていの場合同じことをする。そこで、発言順を先着順で登録するために登録開始時刻に電子メールを速やかに送ることが代表部の担当官の仕事となる。担当が不慣れな場合、順番が遅いどころか登録漏れになるといった悲劇が起きる。部下のミスで登録されていないだけなのに会議開始後に登録して「順番を早めろ」などと高圧的に事務局や議長に詰め寄る代表部もそれなりに存在する。なお、安保理の公式会合は例の馬蹄形のテーブルと不死鳥の壁画で知られている公式議場(chamber)で行われる。実質的な議論は多くの場合非公式協議の形式で行われており、通常はカメラが入ることのない専用の会議室(consultation room)が用いられる。国連のウェブサイトに写真が掲載されている。筆者は2016年からの2年間毎日のようにいずれかの部屋で仕事をしていた。

　エストニア主催のアリア・フォーミュラ会合で、筆者は次のように述べ、安保理の活用を呼びかけた。

　　すべての国連加盟国は、国連憲章を含む既存の国際法全体がサイバー空間に適用されることに同意している。国連加盟国は、人権の尊重、紛

争の平和的解決、武力行使の禁止など、憲章の目的と原則へのコミット
メントを新たにする必要がある。また、加盟国は、国家責任、固有の自
衛権及び国際人道法がサイバー空間に適用されることを明示的に確認す
べきである。このような認識は、サイバー空間における紛争の防止と抑
止のために重要である。安全保障理事会は、憲章の第6章又は第7章に
基づいて、サイバー活動を伴う重大な状況を防止する又はそのような状
況に対応するために行動する用意ができている必要がある。

　エストニア主催の公開討論は、オンラインで行われ、非理事国は、ステートメントの書面での提出を行う方式が取られたので、筆者は、提出したステートメントの中で、エストニアが公開討論のコンセプトノート（通常、議論の方向性を提案する内容の安保理議長国作成の文書）において、日本が 2017 年 12 月 20 日に安保理議長国（日本は 11 回目の非常任理事国任期 2 年の間、2016 年 7 月と 2017 年 12 月に安保理議長国を務めた）として主催した「国際の平和及び安全に対する複雑な現代的挑戦に関する公開討論」[32] の先例に言及したことに謝意を表した。その上で、次のように述べ、安保理の平和的解決の機能及び安保理による強制行動の活用を呼びかけた。

　サイバー行動を伴う国際的な紛争は、国連憲章第 2 条 3 に従って平和
的な手段で解決されなければならない。紛争の平和的解決を確保するた
めに、国連憲章第 6 章及び第 7 章に基づく安全保障理事会の権限及び他
の国連機関の機能は、サイバー行動に起因する紛争において使用される
べきである。日本は、帰属のための新しい国際的メカニズムを確立する
という考えに対し留保がある。（中略）日本の見解は、サイバー行動が国
連憲章第 51 条の武力攻撃を構成する場合、国家は、同条の下で認めら
れている個別的又は集団的自衛の固有の権利を行使することができると
いうものである。

9　サイバー行動にも国際人道法が適用される

第6次GGE報告書の記述

IV　国際法

　71 (f)　本グループは、国際人道法が武力紛争下においてのみ適用されることに留意した。本グループは、2015年報告書で留意された、適用される場合の、人道、必要性、均衡性及び区別の諸原則を含む確立された国際法上の原則を想起する。本グループは、これらの原則がいつどのように国家によるICTの利用に適用されるかに関するさらなる研究の必要性を認識し、これらの原則を想起することが紛争を正当化したり奨励したりすることはないことを強調した。

　国際人道法は概ね武力紛争法と互換的に用いられ、一般的に交戦法規（戦闘の手段と方法に関する規則：ハーグ法）及び紛争犠牲者の保護に関する規則（ジュネーヴ法）を含む。

　「日本の基本的立場」は、「サイバー行動にも国際人道法は適用される。（中略）サイバー行動に国際人道法が適用されることを確認することは戦闘方法や手段等の規制に資するのであり、サイバー空間の軍事化につながるとの主張は根拠がない。例えば、武力紛争下における医療機関に物理的被害や機能喪失を生じさせるサイバー行動は、国際人道法違反を構成し得ると考えられ、適切に規制されるべきである。」というものである。

　国別見解では、日本、オーストラリア、ブラジル、エストニア、フランス、ケニア、オランダ、ノルウェー、ルーマニア、スイス、シンガポール、英国、米国の13か国が国際人道法の適用を肯定する立場を表明している。また、ロシアの条約コンセプト第7条に「いかなる国際紛争においても、紛争に関与する締約国が「情報戦争」の手段を選ぶ権利は、国際人道法の適用される規則の制約を受ける。」と記されている。

　2015年報告書では、「適用可能な場合の人道、必要性、均衡性及び区別の諸原則を含む確立された国際法の原則に留意する。」との記述はあったので、

国際人道法の適用は確認されているという整理は可能であった。しかし、第6次 GGE において、同志国、特に欧州諸国が「国際人道法」の適用の明記を一貫して主張した。これに対し、中国は、「国際人道法がサイバー空間に適用されることを認めるとサイバー空間における武力紛争を助長することになる。」との独自の主張を何度となく繰り返した。この論点については赤十字国際委員会 (ICRC) が場外で積極的な活動を行い、ジュネーヴでの第2回セッションでは、国際人道法に関するサイドイベントを主催し、その後も直接筆者等にアプローチしてきた。ICRC は 2021 年 3 月、OEWG 報告書案への文書コメントを提出しているが、その中で、OEWG 報告書が「国際人道法は『武力紛争下においてのみ』適用される」ことを確認することができるという文言提案をしている。サイバー行動に国際人道法が適用されることを確認することが紛争を助長することにはならない点を NAM 出身委員などに印象付ける上で ICRC は重要な役割を果たしたと考える。第6次 GGE 報告書の最終案文に含まれていた「国際人道法は武力紛争下においてのみ適用される」という文言は、露中が最後の妥協をしていく中で結局残ることになった。また、「人道、必要性、均衡性及び区別の諸原則を含む確立された国際法上の原則に留意する。(中略) これらの原則を想起することが紛争を正当化したり奨励したりすることはないことを強調した。」という表現が採用された。多くの委員が、「国際人道法」が「適用される」という表現が残ったことは重要な成果であると喜んだ。

10　サイバー行動にも国際人権法が適用される

第6次 GGE 報告書の記述

Ⅳ　国際法

*　70.　この点に関し、本グループは、国連憲章及びその他の国際法の次の諸原則に対する国家のコミットメントを再確認した。(中略) 人権及び基本的自由の尊重。(後略)*

Ⅲ　「行動規範」、規則及び原則

「行動規範」13 (e) 国家は、ICT の安全な利用を確保する際、表現の自由に関する権利を含む人権の十分な尊重を保障するため、インターネット上の人権の促進、保護及び享受に関する人権理事会決議 20/8 及び 26/13 の他、デジタル時代におけるプライバシーの権利に関する総会決議 68/167 及び 69/166 を尊重すべきである。

36　この行動規範はオンラインでもオフラインでも、国家はそれぞれの義務に従って、人権及び基本的自由を尊重し保護すべきことを想起させるものである。この観点から特に注意を要するのは、国境とのかかわりなく、あらゆる種類の情報及び考えを求め、受け及び伝える自由を含む表現の自由その他自由権規約、社会権規約の関連規定や世界人権宣言に記されたその他の関連規定である。(後略)

37　(前略)恣意的又は違法な大規模監視のような国家実行は人権、特にプライバシーの享有に否定的な影響を与え得る。

国際人権法とは人権に関する国際法である。人権に関する国際法は第 2 次世界大戦後に大きく発展し、今日、国連憲章の関連規定、世界人権宣言、社会権規約、自由権規約、人種差別撤廃条約、女子差別撤廃条約、拷問禁止条約、児童権利条約、移住労働者権利条約、障害者権利条約、強制失踪条約、ジェノサイド条約などが含まれる。

「日本の基本的立場」には、「国際人権法は、サイバー行動にも適用される」、「国際人権法に従い、国家は人権を尊重する義務がある。サイバー空間において尊重されるべき人権には市民的、政治的、経済的、社会的、文化的権利等、国際人権法上認められる全ての人権が含まれる」と記されている。

国別見解では、日本以外にも、オーストラリア、エストニア、ケニア、オランダ、ノルウェー、ルーマニア、シンガポール、スイス、英国、米国がサイバー行動への国際人権法の適用を肯定している。

シンガポールが簡潔に「オフラインで適用される同じ人権はオンラインでも適用される。」との 1 文を記載しているのみであるのに対して、オランダは約 1 頁を割き、情報化社会における表現の自由の課題(ヘイトスピーチ、扇

動）、プライバシーの問題、情報へのアクセスの問題、監視の問題、情報操作・
誤情報の問題などを指摘している。

　2015 年報告書では国連憲章の諸原則の一つとして「人権及び基本的自由
の尊重」が記され、さらに「国家は、人権及び基本的自由の尊重及び保護に
関する国際法上の義務を遵守しなければならない」と記されていた。第 6 次
GGE 報告書の国際法セクションでは、総論で紹介したパラ 70 に国連憲章
の諸原則の一つとして「人権及び基本的自由の尊重」が記されたのみである。
国際法セクションで人権について最低限の記述しかないことに多くの委員が
不満を持った。他方、「行動規範」13 (e) を解説するパラ 36 及び 37 において、
オンラインの人権保障の義務及び恣意的又は違法な大規模監視が人権に与え
る否定的影響が明記された。これには一定の意義があると思われる。

11　条約及び国内法によるサイバー犯罪対策も法の支配の推進に資する

第 6 次 GGE 報告書の記述

Ⅲ　「行動規範」、規則及び原則

　*「行動規範」13 (d) 国家は、情報交換、相互支援、テロ及び犯罪を目的
とする ICT の利用の訴追のためにどのように最も良く協力できるかを
検討し、当該脅威に対処するためのその他の協力措置を実施すべきであ
る。国家は、この点について新たな措置を構築する必要があるかを検討
する必要があるかもしれない。*

　「日本の基本的立場」には、「サイバー行動に適用される国際法はここで言
及されているものにとどまらない。日本はサイバー犯罪に関する条約に参加
しているが、サイバー犯罪に関する条約はサイバー行動に適用される重要な
国際法である。」と記されている。

　「ここで言及されているもの」は主に慣習国際法であるが、サイバー犯罪
に関する条約は締約国のみを拘束する国際約束である。「重要な国際法」の

意味であるが、サイバーセキュリティ戦略 (2021年9月27日閣議決定) では、「サイバー犯罪対策については、サイバー犯罪に関する条約等既存の国際的枠組み等を活用し、条約の普遍化及び内容の充実化を推進するとともに、国連における新条約策定に関する議論に十分関与することを通じ、サイバー空間における法の支配及び一層の国際連携を推進する。」という方針が、「サイバー空間における法の支配の推進 (我が国の安全保障に資するルール形成)」の項目の中に位置づけられている。すなわち、サイバー犯罪に関する条約も「国際社会の平和と安定及び我が国の安全保障のため、サイバー空間における法の支配を推進することが重要である。」との認識に含まれるのである。

2015年報告書の「行動規範」13 (d) はテロ及び犯罪目的の ICT の利用の訴追のための協力などに関するものである。

サイバー犯罪とは、通常、コンピュータ・システムを攻撃するような犯罪及びコンピュータ・システムを利用して行われる犯罪の総称として用いられる。

第6次 GGE において、一部の委員は、テロ・犯罪対策のための国家の権限を広く確保することを重視した。一部の国は、この「行動規範」がサイバー空間における人権に制約を課す上で有利になると考えているようである。上海協力機構による行動規範案には「ICT を利用した犯罪・テロ活動の撲滅のため、また、テロ、分離主義、過激主義を扇動したり民族的、人種的、宗教的理由で嫌悪感を煽ったりする情報の拡散を抑えるために協力すること」というものが含まれている。

「日本の基本的立場」にも言及があるが、サイバー犯罪に関しては、2001年に欧州評議会で採択され2004年に発効したサイバー犯罪に関する条約 (通称ブダペスト条約) がある。同条約は、サイバー犯罪から社会を保護することを目的として、コンピュータ・システムに対する違法なアクセス等一定の行為の犯罪化、コンピュータ・データの迅速な保全等に係る刑事手続の整備、犯罪人引渡し等に関する国際協力等につき規定するものである。サイバー犯罪は、その結果が国境を越えて広範な影響を及ぼし得るという特質を備えている。それ故、その防止及び抑制のために国際的に協調して有効な手

段をとる必要性が高く、そのために法的拘束力のある国際文書の作成が必要であるとの認識が欧州評議会などにおいて共有されるようになった。このような状況の下、欧州評議会において、サイバー犯罪を取り扱う専門家会合が設置され、1997 年以降、同会合においてこの条約の作成作業が行われてきた。その結果、2001 年 9 月に行われた欧州評議会閣僚委員会代理会合においてこの条約の案文について合意が成立し、同年 11 月 8 日に行われた欧州評議会閣僚委員会会合において正式に採択された。この条約の署名式典は、2001 年 11 月 23 日にハンガリーのブダペストにおいて開催され、我が国は、この条約に署名した。国会がこの条約の締結を承認したのは 2004 年 4 月であったが、2011 年に国内担保法が成立したのを受けて我が国は条約締結の受諾書を 2012 年に欧州評議会事務総長に寄託し、同年 11 月、我が国について効力が発生した。

　一方、ロシアは同条約を締結していない。2019 年に事務総長に提出した立場（U.N. Doc. A/74/130 に収録されている。）の中で、ロシアは、ブダペスト条約は 1990 年代に作成されたものであり、犯罪者の現代の「発明」に対応できない、同条約は国家主権及び国内問題への不干渉の原則に違反する可能性を容認していると主張している。ブダペスト条約第 32 条 b により、同条約締約国は他の締約国の許可なく「自国の領域内にあるコンピュータ・システムを通じて、他の締約国に所在する蔵置されたコンピュータ・データにアクセスし又はこれを受領すること」ができる（ただし、コンピュータ・システムを通じて当該データを自国に開示する正当な権限を有する者の合法的なかつ任意の同意が得られる場合に限る。）。ロシアが同条約を締結していないのはこの規定と関係すると見られている。2019 年 12 月、ロシアが主導して採択された国連総会決議 74/247 でサイバー犯罪に関する新条約を検討するためのアドホック委員会が設置され[33]、現在交渉が行われている。ロシアが 2017 年に配布したサイバー犯罪条約案には国家主権の保護に関する独立した第 3 条が置かれている一方で、ブダペスト条約第 32 条のような蔵置されたコンピュータ・データに対する国境を越えるアクセスを他の締約国の許可なく行うことを認める規定はない。

　自然人のサイバー行動を国家に帰属させることに困難が伴うのであれば、

各国でサイバー犯罪法制を整備し適切に処罰することはサイバーセキュリティの実現にとっても重要である。第 6 次 GGE 報告書パラ 31 にも、テロリストや犯罪集団・犯罪者の関与する脅威への既存の措置及び他の措置での対応を進めることは「国際の平和及び安全に寄与しうる」との認識が記されている。もちろん、国家と無関係に実施される悪意のあるサイバー行為の処罰の観点からも、ブダペスト条約は重要である。ルーマニアも、国別見解で「国家による行動も国家の支援による行動も存在しない場合には、犯罪行為の問題となり、関係する国家の刑法に従って捜査、処罰されるべきである。」と指摘している。

第 6 次 GGE 報告書ではロシアの強い反対によりブダペスト条約への言及は実現しなかったが、ブダペスト条約は同パラにいう「既存の措置」であり、パラ 35 の「既存のプロセス、イニシアティブ、法的文書」に含まれると解釈するのが自然である。

12　国家による責任ある行動に関する任意で拘束力のない規範（「行動規範」）

(1) 国際法と「行動規範」との関係

第 6 次 GGE 報告書の記述

Ⅲ　「行動規範」、規則及び原則

*　15. 本グループは、国家による ICT の利用に関して、国家による責任ある行動に関する任意で拘束力のない規範が、国際の平和、安全及び安定に対するリスクを軽減できることを再確認する。「行動規範」と既存の国際法は併存している。「行動規範」は、それがなければ国際法に合致する行動を制限又は禁止しようとはしていない。「行動規範」は国際社会の期待を反映し、国家による責任ある行動の基準を設定する。「行動規範」は、ICT 環境における紛争を防ぎ、ICT の平和的利用にさらに貢献し、世界の社会的及び経済的発展を促進するのに役立つ ICT の完全な実現を可能にする。*

　第 6 次 GGE 報告書の構成は、Ⅲ章が「規範、規則及び原則」、Ⅳ章が「国際法」となっている。1 名の委員が 2015 年報告書同様「国際法」を後にすることにこだわり、最後に他の委員が折れた結果である。

　2013 年報告書には、「国家による ICT の利用に関する既存の国際法から導き出される規範の適用は国際の平和、安全及び安定に対するリスクを低減させる上で必須の措置である」と記された。

　2015 年報告書における「行動規範」に関連する記述は次のとおりである。

　　目標の一つは、国家による責任ある行動のためのさらなる任意で拘束力のない規範を特定し、グローバルな ICT 環境における安定及び安全を強めるために共通理解を深めることである。

　　国家による責任ある行動の任意で拘束力のない規範は国際の平和、安全及び安定に対するリスクを低減させることができる。それゆえ、「行動規範」は、それがなければ国際法に合致する行動を制限又は禁止しようとはしていない。

　　専門家グループのこれまでの報告書は、既存の国際規範及びコミットメントから派生する ICT のセキュリティと利用に係る国家による責任ある行動に関する新たなコンセンサスを反映した。本グループに課された任務は、共通理解を促進することを目的とし、国家による責任ある行動の規範を検討し、既存の規範を ICT 環境に適用できるかを決定し、「行動規範」のさらなる受容を慫慂し、ICT の複雑さと固有の特性を考慮した新たな「行動規範」を策定する必要があるかどうかを確認し続けることである。

　2013 年報告書に見られるように、規範は既存の国際法から導かれるものとして当初議論が行われた。しかし、2015 年報告書において、明確に、「任意で拘束力のない」ものと形容され、以降、「国家による責任ある行動の任意で拘束力のない規範」という概念（以下「行動規範」）が用いられている。2015

年報告書及び第 6 次 GGE 報告書では単に「規範（norms）」と記されている場合は基本的にこの「行動規範」を指す。2015 年報告書に向けた GGE の交渉の記録を確認すると、「任意で拘束力のない」という表現は、サイバー能力の高い特定の国が強く主張した結果採用されたものである。その国は安保理常任理事国でもファイブアイズ（米英加豪 NZ）でもない。また、第 6 次 GGE には参加していない。

　任意で拘束力のない「行動規範」を確認すること自体は、一致できるものには一致して、仮に法的拘束力のある規範として確認できなくても、政治的コミットメントを確認することが大事であるという現実的なアプローチであろう。「行動規範」が、国際の平和、安全及び安定に資するとの共通認識が維持されていることは重要なことである。

　他方、ある「行動規範」が「任意で拘束力のない」ものとして例示されることで、国際法が損なわれてはならない。その点、2015 年報告書の「それゆえ、『行動規範』は、それがなければ国際法に合致する行動を制限又は禁止しようとはしていない」という記述は不十分である。つまり、2015 年報告書で「行動規範」の一つとして列挙されることがその規範に法的拘束力がないことの証明や裏付けとなるようなことがあってはならない。そこで、OEWG 及び第 6 次 GGE では、「行動規範」と国際法との関係を整理して説明する文言が模索された。

　議論の結果、OEWG 報告書に「『行動規範』は国際法上の権利義務を消滅させたり変更したりするものではない」（パラ 25）と記されたことは、国際法上の義務に関連する規範が「行動規範」セクションに書かれているからといって国際法上の義務が消滅したり変更されたりしないことをはっきりさせる上で重要なことである。しかし、第 6 次 GGE 報告書については、OEWG と同じ表現を入れることに 1 名の委員が最後の小グループ交渉で反対し、「『行動規範』と国際法は相互補完的である」という趣旨の提案をした。国際法の重要性を相対化することが目標であったと考えられる。別の委員が、「行動規範」と国際法は対等ではなく、国際法が「行動規範」を補完するのはおかしい、「相互補完的」は適当ではないとの理由から「『行動規範』と国際法は併存する」と

いう趣旨の提案をし、それが全体に提示された。小グループに入っていなかった筆者を含む複数の委員が再調整を求め、せめて「国際法と『行動規範』は共に重要な役割を果たす」といった表現にするべきであると提案したが、一部の委員から、その一点を再び議論しようとしても他の妥協点ももう一回議論しようという展開となり、妥協が崩れ、時間的制約の中で報告書の採択ができなくなるので我慢してほしいと説得された。そこで、筆者は、採択前の発言の中で、国際法と「行動規範」の関係を明確化するために、「11項目に記載があることを以て既存の国際法上の権利義務が消滅したり変更されたりすることはない」との理解を確認した。「日本の基本的立場」にも次のように同じ趣旨が記されている。

> 　2015年GGE報告書は、国家による責任ある行動に関する拘束力のない自発的な規範を11項目記載している。これらは、政府専門家間で少なくとも規範として履行しなければならないものとして合意された項目であるが、その中にも、国際法上の権利義務を確認したもの及び国際法上の権利義務に関連するものが含まれている。11項目に記載があることを以て既存の国際法上の権利義務が消滅したり変更されたりすることはない。

　国際法上の権利義務を変更しかねない文言交渉が起きてしまうのはGGE委員や各国のOEWG首席代表が主に安全保障・軍縮を専門とする外交官やサイバー当局責任者が務め、国際法部門は代表団内で助言をする立場にあることが多かったからであろう。また、政治的な文書をコンセンサス方式で交渉するということは、意見の一致がない論点については何も書かない又は一致できる範囲でしか書かないという妥協を伴うというのが外交の現実である。
　第6次GGE報告書には2015年報告書に記された11項目の「行動規範」(各項目数行)に関し、それぞれ何が期待されるか、具体的にどのように実践できるかについて詳しい解説(各項目1ページ程度)が付された。議長は、過去のGGE報告書に記された合意済みの内容を守り(preserve the *acquis*)、「共通の理解の層を追加する」(add a layer of common understanding)という明確な目標を提

示し、米国出身委員提出の案文の下地の上にそれが実現した。すでに一部については国際法との関連で解説したので、ここでは、残りの「行動規範」のうち特に重要と思われるサプライチェーンの信頼性確保に関する「行動規範」について述べる。

(2) 情報通信機器のサプライチェーンの信頼性確保に関する「行動規範」

第6次 GGE 報告書（及び 2015 年報告書）の記述

Ⅲ 「行動規範」、規則及び原則

「行動規範」13⒤ 国家は、エンドユーザーが ICT 製品のセキュリティを信頼できるように、サプライチェーンの完全性を確保するための合理的な措置を講じるべきである。国家は、悪意のある ICT ツール及び技術並びに有害な隠し機能の利用の予防に努めるべきである。

　第6次 GGE 報告書においては、「行動規範」13⒤ に関し、同規範を解説するパラ 57 で、「サプライチェーンの完全性を確保する措置」としてリスク管理のための国内的枠組みの導入や情報通信機器のベンダーとサプライヤーによる優れた取組（グッドプラクティス）の採用を推進するための政策の導入などが例示された。また、パラ 58 で、悪意のある情報通信ツール及び技術の拡散並びに有害な隠された機能を防止するための措置として、製品のライフサイクルを通じた信頼性を要求するための措置、個人情報保護のための立法、システムの秘匿性・信頼性・可用性を損なう可能性のある機能や脆弱性の導入を禁止する措置が例示されている。ファーウェイ製品排除の動きの中、中国は、「公平、公正、無差別の市場環境を維持する必要性」、「安全保障を口実に特定国の製品を排除すべきではない」、「貿易ルールに反するような差別的なサプライチェーン規制を禁止する」といった新たな「行動規範」を提案した（OEWG にも提案し、内容が公開された）。同志国は、GGE は貿易ルールを議論する場ではない、「行動規範」13⒤ の補足説明に何かを書くことは検討すると反論した。最後は「開放性」という概念を持ち込み、パラ 57 に「開放性を促進し、信頼性、安定性、安全性を確保する措置」という記述をすること

で妥協が成立した。中国は、習近平国家主席の名前で、外国のサプライチェーンを自国に依存(拉緊)させてその断絶を抑止する双循環政策[34]を表明している。第 6 次 GGE 報告書の記述により、その中国も当然「開放性を促進する」措置を求められる。

13　サイバーの文脈への当てはめ

　以上からわかるように、悪意のあるサイバー行動に対抗するために、既存の国際法(慣習国際法及び条約)や「行動規範」を用いることが現に被害を受けている国又は被害を受ける立場にある国にとって有効である。ここでは、被害国政府が、個別具体的な事案に応じて主にどのような対応を行うことになるのかについて法的側面を中心に簡単に想定してみたい。なお、以下の手順は必ずしも時系列的でも網羅的でもない。事案や状況によって順番も異なり得るし、いろいろな組み合わせも考えられるし、異なる対応もあり得るであろう。

　まず、あるサイバー事案がどこから来ているかについての情報(いわゆる技術的帰属)をサイバーセキュリティ当局、情報当局や捜査当局が十分に把握し、政策部門に一定程度伝える必要がある。場合によっては同盟国や友好国の機関からの情報がもたらされることもあるであろう。

　その結果、①行為主体が国家の機関である場合又は非国家主体が国家の事実上の指示の下で行動している場合など事案が国家に帰属(法的帰属)する場合、②行為主体がはっきりしないなど国家への帰属が不明確な場合、③明らかに国家に帰属しない場合、などの場合分けがあるであろう。それも、行為主体がすぐにはわからないが次第に特定できていくことが現実的であろう。

　事案の起点の IP アドレスの所在国がわかった時点で、その国の当局に連絡し、国家機関による行為であれば中止を要求し、非国家主体による行為であれば阻止を求めることになるであろう。IP アドレスは通過点に過ぎない可能性もある。その場合でも、その IP アドレスの所在国の政府に対して事実関係の確認を求めることはできるであろう。

　被害国政府は、事案が主権侵害に当たるか、違法な干渉に当たるか、その

他の国際法に反するか、相当の注意義務違反に当たるか、「行動規範」に反するかなどを判断することになる。行為主体が特定できない場合でも、事案の起点となっている国の政府に対して相当の注意義務を指摘し、国内的な措置で事案を止めてもらうことが考えられる。匿名性が高いというサイバー行動の特性にかんがみ、相当の注意義務を根拠に事案への対応を求めることができるのは重要な意味を持つ。コロニアル・パイプライン事件に関しては、米国政府がロシア政府に対して 2015 年報告書に記載された「行動規範」に反するとして政治的に善処を求めた結果、ロシア政府が国内手続きに基づき実行者を処罰したという情報もある。

　事案が主権侵害や違法な干渉などの国際法違反（国際違法行為）に該当する場合には、国家責任法を活用し、中止要求、再発防止の確約要求、損害賠償請求等を行うことになるであろう。その際、静かに外交上の申し入れ（private attribution）を行う方法、公に非難する方法（public attribution）、本格的に、外交交渉又は国連憲章第 6 章に基づく安保理の手続の活用若しくは国際司法裁判所付託などの司法手続の活用など紛争の平和的解決手続を用いる方法、均衡のとれた対抗措置を講じる方法などが考えらえる。公の非難は、必ずしも国際法違反があったとは断定できないが、GGE の「行動規範」に反するような場合にも行うことができるし、同志国と共同で行うことも考えられる。

　事案が武力攻撃に該当する場合はその事案を排除するために自衛権を行使することが認められる。タリン・マニュアル 2.0 は、「大多数の人間を殺傷するか、又は財産に重大な損害若しくは破壊をもたらすサイバー行動であれば、武力攻撃に必要な規模及び効果を持つといえる。」と記している。このようなサイバー行動の着手があった時点で自衛権行使が認められることに異論は少ないのではなかろうか。では、現実的にそれはどのような場合か。2021 年に米国の法律顧問が例示した活動（①原子力施設のメルトダウンを引き起こす活動、②ダムを人口密集地に開放し破壊する活動、③航空管制を不能にして航空機を墜落させる活動）が武力攻撃に該当するというのは説得力があるのではなかろうか。ノルウェーが主張する立場（国家の重要インフラ又は機能に深刻な損害を与える、又は無効にするサイバー行動は、国際法の下での武力攻撃に相当すると

考えられる可能性がある。）によれば、直接的に人間が殺傷されなくても武力攻撃に該当するサイバー行動があり得るということになるが、「可能性」を論ずるだけではなく、当てはめをする場合にはより具体的に慎重な検討を行う必要があろう。

　着手とは、例えばコンピュータ上でサイバー行動の指示を出すことが該当し得るのではなかろうか。フランスの立場では、武力攻撃に該当するサイバー攻撃が「まさにいま開始されようとしている」場合、オーストラリアの立場では「攻撃主体が明確に実行を決断しており非攻撃主体が行動しない限り自らを効果的に防衛する最後の機会を逸する状況」において、自衛権の行使が認められることになる。

　次に、必要性の要件を満たすためには、米国の言うように「自衛のための強制行動に頼る前に、国家は、受動的サイバー防衛又は武力行使未満の能動的防衛が武力攻撃又はその急迫している脅威を無力化させる上で十分かを検討」するなど、他に手段がないことを確認することが求められるのではなかろうか。確認するまでもなく明らかに他に手段がない場合もあるであろう。

　均衡性の要件との関係では、例えば、攻撃主体によるサイバー行動の実行に用いられるコンピュータ数台に対し被攻撃主体が逆のサイバー行動を行ってそれらの機能を停止することにより攻撃を排除することは均衡性の要件を満たすのではないか。いざとなればそのような反撃を行うことができるように様々な手段で情報収集をしておくことは主権侵害に当たらないと言えるのではないか。現実には、武力攻撃をしかける側は相当の覚悟をもって着手するであろうと考えられるので、被攻撃国がどの程度の自衛権行使を行えば必要な限度内で武力攻撃を排除し終わるかという判断は難しい。正規軍を用いた侵略に対しては、被攻撃国はその軍隊を自国領域外に押し返すまで武力を行使できることが認められると言えるであろうが、目に見えないサイバー攻撃の場合、どの時点で排除が終わるか、さらなる攻撃もない状況になるのかを含め、判断はますます難しいのではないか。

　武力攻撃の場合を含め、サイバー事案が平和に対する脅威、平和の破壊又は侵略行為に該当する場合は、安保理の勧告や強制行動の対象となる。被害

国は、迅速に安保理に事案の発生について注意を喚起した上で、深刻な事態の場合には安保理において多国籍軍による武力行使を容認する決議の採択をめざすことも考えられる。ただし、拒否権制度の下、常任理事国が1か国でも反対すればそのような決議は通らないので、そのような場合、自国による個別的自衛権の行使と、同盟国や同志国による集団的自衛権の行使で事案を排除しなければならなくなる。自衛権を行使した場合、直ちに安保理に報告をしなければならない。

III　サイバー行動に関する法の支配の実現へ

1　信頼醸成措置

　安全保障の分野において、信頼醸成措置とは、敵対行為を防止し、エスカレーションを回避し、軍事的緊張を緩和し、国家間の相互信頼関係を構築するために計画された手続を意味する。

　第 6 次 GGE 報告書では、信頼醸成措置として、①協力措置(連絡窓口(PoC: point of contact) の指定及び PoC 網を通じた連絡の促進、既存の PoC 網の成功事例の共有、二国間・地域間の対話及び協議、ナショナル CERT/CSIRT の設置及び CERT/CSIRT 間の協力強化等)、②透明性措置(脅威及び事案に関する情報・教訓の交換、サイバーや情報通信分野に関連する国家戦略・政策の共有等)が推奨されている。屋上屋を重ねる提案やコスト度外視の提案もあったが、筆者を含む複数の委員の指摘により既存の組織や仕組み(国連軍縮部や軍縮研究所等)を活用する内容となっている。悪意のあるサイバー行動は地理的に近接した場所から行われるとは限らないので、普遍的な国際機関である国連が信頼醸成において中心的役割を担うべきとの意見が多かったが、すでに OAS、EU、OSCE、ARF においてサイバー分野での信頼醸成措置が議論されたり決定されたりしている実績があるので、引き続き地域的な取組も推奨されている。

2 能力構築支援

　サイバー行動に適用される国際法を確認しても、任意の「行動規範」を確認しても、開発途上国などにおいては、国家の能力不足で先進国と同等の水準で法の遵守や履行を行うことが困難である。特に情報通信分野では一握りの豊かな国の企業がインフラやサービスを独占していて、国家権力による必要な規制もできないという不満もある。さらに、自国領域を第三国に対する悪意のあるサイバー行動の拠点又は経由地点として悪用されてもその事実すらまったく把握できないのではないかという不安さえある。そこで、GGEやOEWGにおいて能力構築の議論は国際法の適用の議論を進める上で軽視してはならないものになっていた。能力構築に対する開発途上国の関心は大変高く、様々な提案がなされた。第6次GGE報告書は、政策立案遂行、サイバー事態対処チーム、重要インフラ防護、事案の発見及び対処、国際法の適用に関する共通理解促進、重大サイバー事案の捜査、「行動規範」実践などのための能力構築支援の強化を提案している。また、能力構築の「自発性、政治的中立性、相互利益、相互主義、合目的性、パートナーシップ、人間中心」などの性質や原則を確認している。これらの提案及び確認は有意義である。交渉の終盤に1名の委員が、先進国による開発途上国に対する能力構築資金提供義務を記すべきであるという提案をした。そのような提案は自発性などの上記諸原則と合致しないので、反論しなければならないと考えていたところ、即座にアフリカの委員が、「我々は物乞いではない」と反対したのは痛快であった。筆者はサイバーを担当した後、気候変動などの分野の責任者となったが、グラスゴーのCOP26やシャルム・エル・シェイクのCOP27などで、気候変動問題が起きた原因は先進国による過去の温室効果ガス排出にあるのだから、開発途上国にも排出削減努力を求めるのであればまずは資金を提供すべきである、さらに、提供される資金につき数値目標を設定すべきであるという強い主張を経験した。第6次GGEを振り返ってみれば、その1名の委員は、あらゆる地球規模課題を先進国対開発途上国の対立構造に持ち込み、もはや開発途上国とは言えない自国に世界の厳しい目が向けられ

ないようにするという出身国の基本的な外交方針に従って行動したにすぎなかったと理解した。幸い、第 6 次 GGE では「我々は物乞いではない」と反論した開発途上国のサイバー専門家がいたが、ニューヨークの国連本部で行われる OEWG では他の議題も扱っている外交官が資金援助獲得を優先する流れが強まる可能性もある。

第 6 次 GGE 報告書は、企業、学界、技術コミュニティ等を含むマルチステークホルダー（多様な利害関係者）による取組を通じた能力確保の重要性も指摘している。攻撃探知能力向上などの面で IT 企業等の役割も重要である。自国領域がサイバー攻撃のプラットフォームになっていることを把握し対処する能力を有する国を増やすことは国際社会全体の利益になる。本書冒頭の「サイバーセキュリティを巡る状況」で述べたロシアによるウクライナ侵略を受けたマイクロソフトの取組はマルチステークホルダーの役割の重要性を証明するものであると言える。

3　今後の展望（ロシア主導の第 2 次 OEWG と同志国主導の行動計画）

ロシアは自国が主導して設置された OEWG の作業の完了を待たず、2020 年末、新たな OEWG を任期 5 年（2021 年から 2025 年）で設置する決議案を提出した。日本を含む多くの国は、OEWG も第 6 次 GGE も作業を継続している中で、ある意味、それらの作業の失敗を前提として次のプロセスを決定するのは不適当であると反対したが、同決議案は投票の結果、賛成多数で 2020 年 12 月 31 日に採択された（総会決議 75/240）。このようにして設置された第 2 次 OEWG は 2021 年 6 月 1 日の組織会合から 1 年間の活動を経て、2022 年 7 月に年次進捗報告書を採択した（U.N. Doc. A/77/275）。同報告書の国際法に関する提言部分は、①国連加盟国が引き続き OEWG で国際法の適用に関する議論を継続すること、②特に、2021 年 OEWG 報告で合意できずに議長サマリーにまわされた論点につき集中的に議論すること、③国際法の適用に関する自国の見解を任意に公表することの 3 点からなっている。ロシアによるウクライナ侵略を受けて国連を含むマルチの場でロシアを関与させて

合意を形成する状況ではまったくなくなっていることも反映して、もともと難しかった合意形成が当面絶望的になっていることがわかる。

　また、2022 年 12 月、「国際安全保障の文脈における ICT の使用に関する国家による責任ある行動を推進するための行動計画」と題する決議が国連総会本会議において賛成多数（賛成 156 票、反対 7 票、棄権 14 票）で採択され、決議 77/37 となった。同決議は、国連事務総長に対し、行動計画（Programme of action。略して PoA）の範囲、構造、内容、その策定のための準備作業などに関する見解を国連加盟国から集め、それらの見解に基づく報告書を第 78 回総会（2023 年 9 月から翌年 9 月まで）に提出するよう要請する内容である。この決議を以て、PoA の具体的な検討が始まるということである。反対投票をしたのは、中央アフリカ共和国、中国、北朝鮮、イラン、ニカラグア、ロシア、シリアであった。棄権票を投じた国の中には第 6 次 GGE に委員を出したインドネシア、カザフスタン、シンガポールが含まれている。インドネシア及びシンガポールは NAM に属し、カザフスタンは NAM オブザーバーである。

　第 6 次 GGE 報告書が完成した 2021 年 5 月の時点で、同報告書を含むすべての GGE 報告書及び 3 月の OEWG 報告書で合意済みの内容（「行動規範」、国際法の適用、信頼醸成措置や能力構築支援）の履行を開始しようとの考えの下、多くの国が行動計画の策定が有益だと考えていた。小型武器（小火器ともいう）に関連して日本が主導的役割を果たして策定した行動計画をモデルにした取組である。小型武器もサイバーセキュリティも国連総会第 1 委員会の議題であることから、軍縮不拡散専門家の間で違和感のない方向性である。仏が同志国の他に NAM のエジプトにも声をかけて推進し、日本も共同提案国に入った。PoA に関しては、2021 年 OEWG 報告書及び第 6 次 GGE 報告書の中で、その設置を明示的に勧告することが理想であったがそうはならず、両報告書の中で、PoA について第 2 次 OEWG で議論することが記された。形式的には再び OEWG と PoA という二つのプロセスが競合する形になり、不満を表明した国も多かった。2021 年の時点で、PoA 推進派の中には、早めに PoA の内容を具体化し、5 年間の OEWG の終結を待たず早い段階で単独の国連総会決議で採択するという考えもあった。十分賛同国を得る必要があ

ることは言うまでもなく、NAM の理解が鍵になる。第 2 次 OEWG はロシアにとって新条約交渉立上げに向けた環境整備としての位置づけであると思われる[35]。GGE 報告書も OEWG 報告書も提言に過ぎず、国連の枠内での新たな取組を決定するためには総会決議が必要である。それを 5 年後にまとめようというのが 5 年任期の第 2 次 OEWG であり、合意が成立次第実施を始めようというのが PoA 推進派の主張であった。国連における 2022 年以降の議論の動向は詳細に把握していないが、上述のとおり 2022 年 12 月に PoA に関する決議 77/37 総会で採択されたということは、PoA 推進派が第 2 次 OEWG の議論の進展を待てないと判断したということではないかと個人的に想像する。合意の履行か新条約の交渉かという対立を軸に、国連での議論は平行線どころか一層の二極化が進むのかもしれない。

　2022 年 1 月の日米安全保障協議委員会（「2 + 2」）（オンライン開催）共同発表では、日米の外務・防衛「閣僚は、各国に対し、国際法に従うこと、及び、国家は自国の領域を国際的に不法な行為にそれと知りつつ使用させるべきでないことを含む、責任ある行動に関するコンセンサス方式で合意された規範を履行することを求めた。」と記された。

　日米両国として、まさに、サイバー行動に対する国際法の適用を確認しつつ、各国に対し、国際法に従うこと、及び、GGE 報告で確認された責任ある国家の「行動規範」に従って行動することを呼びかけているということである。

おわりに

　第 6 次 GGE 交渉は自由主義陣営が露中陣営と政策・主張の説得力を競い NAM を取り込んでいく構図であったと感じた。各委員の協力により、各国に対し行動を促す内容の充実した報告書が完成した。また、OEWG でも過去の GGE の成果が確認された。これからは履行確保が重要である。国際法は効果的に使うことによって価値が高まる。サイバー行動に適用される国際法及び任意の「行動規範」に関する国連における議論の成果も使えるだけ使い、サイバー空間における法の支配の促進に役立てることが重要であろう。

　国際的にはまずは国連総会において PoA が正式採択・設置され、運用が開始されることが期待される。また、事務総長や安保理によるものも含む国連憲章上の手続・措置、国際司法裁判所を含む国際裁判手続や各国裁判手続、個別又は同志国共同の非難声明などにおいて、関連国際法を援用することを含め、国際法が積極的に活用されることが期待される。それらを通じ、サイバー行動に対する国際法の適用に関する国家実行が蓄積され、法的確信の存在が確認できるからである。

　日本政府は、第 6 次 GGE 報告書の有益な内容も活用し、重要インフラ防護、サプライチェーン信頼確保等の措置をとりつつ、被害国となる場合の一連の対処方法 [36]（国内での刑事訴追、外交的措置（損害賠償請求等）、安保理や国際裁判の活用、非難声明の発出、対抗措置、自衛権行使を含む）を速やかに整え、抑止力を高めることが求められている。

　2021 年 9 月に日本政府の新たなサイバーセキュリティ戦略が閣議決定され、その中に、防衛省・自衛隊におけるサイバー防衛能力の抜本的強化、自

衛隊・米軍のインフラ防護の演習等の実施、相手方によるサイバー空間の利用を妨げる能力の活用や外交的手段・刑事訴追等を含めた対応の活用などが盛り込まれていることは心強い。

　また、2022 年 12 月に閣議決定された新たな国家安全保障戦略では、「我が国を全方位でシームレスに守るための取組の強化」の最初の項目に「サイバー安全保障分野での対応能力の向上」が位置づけられている。その中で具体策として、能動的サイバー防御を導入すること、及び、そのために、サイバー安全保障分野における情報収集・分析能力を強化するとともに、能動的サイバー防御の実施のための体制を整備することが記されている。これも心強く、早急な実現に期待したい。

　マルチ（多数国間）外交には、1 国 1 票の投票の際に数の力だけでは NAMや G77 プラス中国といったグループに押し切られる場合がある一方で、コンセンサス形式の意思決定の際には 1 か国でも反対すれば常識的なことすら合意できない場合があるといったフラストレーションが伴う。しかし、個人の能力を発揮し、説得力のある主張を展開することによって支持してくれる仲間が増え、交渉の結果を大きく変えられることもあるなど二国間外交にはない面白さがある。コンセンサス方式での意思決定は、時に不利であり、時に有利であるが、妥協がなければ何も決まらない方式である。第 6 次 GGEの最終セッションは完全オンラインだったにもかかわらずオーストラリア出身の委員がニューヨークに乗り込み調整役を演じた。議長が自ら最後の最後まで繰り返し調整を積み重ねる方法もあり得たであろう。その方が手続面の不満はなかったであろう。しかし、同委員が触媒となり妥協が加速され合意が成立したのは事実である。手続への一部の不満はありつつも、内容に関しては、全委員が意味のある報告書がまとまったことを心から歓迎した。この点、先にまとまった OEWG 報告書に対する「すべての加盟国が参加する場で 2015 年報告書の成果が確認できてよかった。」といった同志国の消極的な評価とは異なる積極的な評価であった。

　グループの構成員が 15 名であれ、20 名であれ、25 名であれ、グループ交渉では中核メンバーと受け身の参加者が混在する。第 6 次 GGE の交渉は P5、

日本、欧州、オーストラリア、シンガポールなどを中心に行われた。ファイブアイズ（英語圏の米英加豪 NZ の 5 か国）として結束の強い米英豪に日仏独が中心メンバーに加わり、もう少し広い同志国を巻き込んだ自由主義陣営が、露中陣営と対立し、政策・主張のコンテストで勝って中間の国を取り込んでいくという構図であった。15 か国の安保理における交渉と本質的に変わらない構図だが、中間の国が多いと、同志国サイドが説得すべき対象が多い。露中が建設的に関与して来なかったセッションでは、同志国ばかり発言して文言の精緻化を進めていったが、「我々の間で議論していても仕方ないではないか」と言い合うこともあった。

　日本政府のサイバーセキュリティ戦略（2018 年）に、「サイバー空間における法の支配に関する議論に積極的に関与する」と明記されているが、日本政府の委員が GGE に入っていたことでその政策を十分に実施してきた。この手の少人数グループにおいて日本のプレゼンスを確保し、かつ、積極的に貢献し、日本が不可欠な存在であることを理解させ続けなければならない。サイバー犯罪に関するアドホック委員会の副議長に日本が選ばれたのは心強い。日本は地域的国際機構の一員ではないが、日米同盟の力、G7 のまとまり、オーストラリア、英国、フランス、ドイツとの戦略的パートナーシップ、インドとのクアッドと G4 のつながり、ブラジルとの G4 のつながりなど価値と利益の共有に基づく強い外交ネットワークがある。さまざまな関係を重層的に使って、仲間を増やし、国益に資するルールや国際世論を形成するのがマルチ外交である。マルチ外交で交渉する文書のうち、条約などの国際約束や安保理の決定には法的拘束力があるが、国連総会決議など多くの文書には法的拘束力がない。しかし、法的拘束力がなくても国際世論を示す重要な文書もある。第 6 次 GGE 報告書もそうであると言える。国際機関、特に国連総会は常設の国際世論形成メカニズムである。2021 年の日本政府の新たなサイバーセキュリティ戦略には、「グローバル規模で「自由、公正かつ安全なサイバー空間」を確保するため、国際場裡において我が国の基本的な理念を発信していく。また、サイバー空間における法の支配の推進及びこのような我が国の基本的な理念に沿った国際ルール形成のため、引き続き、同盟国・同

志国と連携し、積極的な役割を果たしていく。」と記されている。

　日本政府には、引き続き、サイバーセキュリティに関連するマルチ外交に積極的に関与することが求められている。

　中谷和弘東京大学大学院教授は「サイバー攻撃の国際法－タリン・マニュアル 2.0 の解説」はしがきで、「筆者にとっては、単にサイバー活動に関して国際法及びそれ以外の観点から様々な知見を得るだけでなく、サイバーという観点から国際法全体を見直すという貴重な経験を得ることができた。」「諸政府がタリン・マニュアルを一つの参考として関連ルールの作成や解釈・適用をすすめてもらいたいというのが、作成に関与した筆者の希望である。」と記している。「サイバーセキュリティと国際法」は、国際法の「一分野」ではなく、国際法の全体の中で「サイバー行動」をどう位置づけるかという適用の課題の総称と言えるのではなかろうか。筆者としても、タリン・マニュアル 1.0 及び 2.0、第 6 次 GGE 報告書、国別見解のコンペンディアムなどの分析、研究、活用がサイバー空間における法の支配の強化に資することを願う。

　サイバー空間は無法地帯ではない。

　筆者にとって、2019 年から丸 2 年間、第 6 次サイバー GGE 及び OEWG の交渉に最初から最後まで参加し、議論の深まりと成功に貢献できたことは

国連サイバー OEWG 第一回公式会合（2019 年 9 月）で発言する筆者。国際連合提供。

大変光栄であった。

　本書が、サイバーセキュリティと国際法の関係に関心を有する多くの方々
に役立てば幸甚である。

謝　辞

　2021 年 5 月末に第 6 次 GGE 報告書が採択されたことをご報告した際に本
書執筆のお話をくださった浅田正彦同志社大学教授・京都大学名誉教授及び
中谷和弘東京大学大学院教授に厚く御礼申し上げたい。筆者がサイバー政策
担当大使の任にある間及びその後も外務省、内閣サイバーセキュリティセン
ター、総務省、防衛省、警察庁の方々や研究者、経営者、実務者の方々など
から様々なご助言やご支援をいただくことができた。皆様に対し、この場を
借りて厚く御礼申し上げたい。また、私が単行本を初めて世に出すに当たり
親身になって導いてくださった東信堂の下田勝司代表取締役及び下田勝一郎
氏にも心より御礼申し上げたい。GGE 報告書採択までの度重なる出張や深
夜のオンライン会議、その後は、週末や休暇中の執筆活動を温かく見守って
くれた妻、息子、娘にも深く感謝したい。本書を今後数年で社会人になって
いく息子と娘に捧げる。

注

1　正式名称は Open-ended Working Group on Developments in the Field of Information and Telecommunications in the Context of International Security。

2　正式名称は Group of Governmental Experts on Advancing Responsible State Behaviour in Cyberspace in the Context of International Security。2019 年から 2021 年まで活動した政府専門家グループ会合は通算 6 回目であったので、本書では同グループのことを「第 6 次 GGE」、その報告書のことを「第 6 次 GGE 報告書」と記す。第 1 次から第 5 次までの GGE (いずれもロシア主導決議に基づき設置) の正式名称では cyberspace ではなく use of ICTs という用語が用いられていた。構成員は governmental expert と呼ばれることも member と呼ばれることもあるが、本書では、member に相当する用語として「委員」を用いる。

3　国別見解は「国家による ICT 利用に適用される国際法に関する各国の提出物の公式コンペンディアム (Official compendium)」(U.N. Doc. A/76/136) としてまとめられ公表された。収録されている見解は、オーストラリア、ブラジル、エストニア、ドイツ、日本、カザフスタン、ケニア、オランダ、ノルウェー、ルーマニア、ロシア、シンガポール、スイス、英国、米国の計 15 か国のもの。中国、フランス、インド、インドネシア、ヨルダン、モーリシャス、メキシコ、モロッコ、南アフリカ、ウルグアイが提出していない。フランスについては、本書ではフランス国防省が 2019 年 9 月に公表している次の文書をフランスの国別見解として扱う。Ministère des Armées、*Droit International Appliqué aux Opérations dans le Cyberespace* (2019)

4　タリン・マニュアル 2.0 の引用は、原則として、中谷和弘・河野桂子・黒﨑将広『サイバー攻撃の国際法－タリン・マニュアル 2.0 の解説－』信山社、2018 年から行う。

5　APT40 は APT 攻撃 (Advanced Persistent Threat: 高度で持続的な脅威) と呼ばれるサイバー攻撃を実行する集団の一つ。

6　日本政府はこれ以前には、2017 年 12 月 20 日に悪意のあるプログラム「ワナクライ」を用いたサイバー攻撃について、2018 年 12 月 21 日に中国を拠点とする APT10 といわれるグループによるサイバー攻撃について外務報道官談話の形で非難声明を出している。

7　The NATO Cooperative Cyber Defence Centre of Excellence。同センターウェブサイトによれば、同センターは、2004 年のエストニアによる提案に基づき、2007 年のエストニアに対する政治的動機による最初のサイバー攻撃という NATO 全体への警鐘を経て、2008 年 5 月に、エストニアと他の 6 か国 (ドイツ、イタリア、

ラトビア、リトアニア、スロバキア、スペイン）の主導で設立された。

8　拙稿「国益最大化のための経済安全保障」『外交』Vol.66（2021 年 3-4 月）88 頁、
93 頁においてコンセンサスや多数決で行われる交渉が先進民主主義国にとって
必ずしも有利でないことを指摘した。ただし、コンセンサスであれば、意に反
する決定を数か国で阻止することができるので、既存のルールや秩序を守る上
では多数決よりはコンセンサスが望ましい場合が多い。

9　第 6 次 GGE 報告書が完成した後のセミナーで事務局のサイバー・チームのメ
ンバーと意見交換を行った際、筆者がどのような提案・発言を行ったかを詳し
く理解していたことを知り、感銘を受けた。各委員の発言をよく聞きながらコ
ンセンサスを得られる文書を作り続けていたのであろう。プロ意識を実感した。

10　2020 年 12 月 31 日、国連総会決議 75/240 で任期 2021 年から 2025 年の 5 年間
で設置。同決議は賛成 92 票、反対 50 票、棄権 21 票で採択された。前文パラ 10
と主文パラ 1 は分割投票に付されたが、両パラも、決議全体も賛成多数で採択さ
れた。日米等の主たる反対理由は、進行中の OEWG での議論が尽くされるのを
待つことなく新 OEWG を立ち上げるのはおかしいということであった。前文パ
ラ 10 の「サイバー空間における人類運命共同体の形成を目的とした」ICT の平和
利用や、主文パラ 1 の「データ・セキュリティ」といった中国が好む表現が残った。

11　採択に際し各国が述べた発言は A/AC.290/2021/INF/2 にまとめられ、公文書
として公表された。日本のステートメントは 51 頁。イラン（44 頁）は、自国のレッ
ドラインをいくつも無視されたが、友好国の説得に応じ、コンセンサスの阻止
はしない、ただし、自国の立場に反する内容については距離を置く（disassociate）
と述べている。友好国とは OEWG で成果を上げることを重視していたロシアや、
2015 年報告書を維持すること自体には価値を見出していた中国のことを指すので
はなかろうか。

12　2012 年 4 月 26 日の「高度情報通信ネットワーク社会推進戦略本部情報セキュ
リティ政策会議」で、玄葉外務大臣は「外務省としてあらゆる検討を行った結果
（中略）、基本的には、サイバー空間にも従来の国際法が当然適用されるとの立場
を取るのが適当と考える」と発言。「高度情報通信ネットワーク社会推進戦略本
部情報セキュリティ政策会議」第 29 回会合議事要旨 p.5、at https://www.nisc.go.jp/
conference/seisaku/dai29/pdf/29gijiyoushi.pdf
　　同年 6 月、参議院予算委員会で、玄葉外務大臣は「サイバー空間においてもこ
の国際法がやはり適用されるというふうに考えるのが原則だ」と答弁（第 180 回国
会参議院予算委員会第 21 号平成 24 年 6 月 13 日 p.33）。同年 8 月 3 日付で第 3 次
GGE に提出したポジションペーパーの中で、日本政府は、「既存の国際法はサイ
バー空間に適用される。一方で、情報通信ネットワーク技術の特性にかんがみ、

個別具体的な規則や原則が適用されるかについては更に明確化される必要がある。」と表明。また、外務省ウェブサイトに掲載されている 2012 年 4 月の G8 外相会合の概要によれば、サイバー安全保障についても議論が行われたが、議長声明にもその付属文書にもサイバーセキュリティに関する記述はない。ウクライナ情勢を受けたロシアの G8 参加停止により、2014 年以降は 1997 年以前のように G7 サミットとなっているが、2012 年はロシアが参加する G8 であった。

13 上海協力機構は 2001 年に設置が表明された国際機関。現在の加盟国は中国、インド、カザフスタン、キルギス、ロシア、パキスタン、タジキスタン、ウズベキスタン。主たる活動に民主的、公正、合理的な新国際政治経済秩序の構築に向けた協力が含まれる。

14 OEWG の報告書案 (Initial pre-draft) に対して提出した文書コメントの中で、中国は「国家責任については武力紛争法や人権法と異なり国際的なコンセンサスは得られておらず、サイバー空間における適用について議論する法的基盤が全くない」と主張している。

15 2016 年 10 月 7 日に開催された国連総会第 6 委員会の会合において、議事録 (A/C.6/71/SR.9) によれば、「国際違法行為に対する国家責任」の議題の下、中国代表は「国際違法行為に伴う国家責任は法の支配の不可欠の構成要素であり、普遍的に認められた慣習国際法上の規範である。」「国家責任条文案はこのトピックに関する規則を包括的に法典化している。」などと発言している。

16 国際法学会編『国際関係法辞典第 2 版』(三省堂、2005 年) 799 頁。

17 同報告は日本国外務省の委託研究である。

18 CSIS のポッドキャストで Chris Painter と Jim Lewis は米露首脳会談の準備過程に関与した関係者から GGE の「行動規範」をふまえたものであるとの理解を得ていることを示唆している。

19 サイバー行動と主権侵害との関係については、御巫智洋「インターネットの利用に関する国際的なルールにおいて領域主権が果たす機能」『国際法外交雑誌』第 121 巻第 1 号 (2022 年) 1-29 頁が詳しく整理をしている。

20 マブロマティスのパレスティナ権利契約 (ギリシャ対英)、1924 年 8 月 30 日先決的抗弁、1924 PCIJ、Ser. A No. 2. p.11

21 ICJ は核兵器使用の合法性に関する勧告的意見 (ICJ reports 1996 para. 39) の中で、国連憲章の規定は「使用される兵器の如何を問わずすべての武力行使に適用される」と示している。

22 そのような主張に対し、武力行使未満のサイバー攻撃を用いれば合法となるわけではなく、主権侵害、干渉なども禁じられていることが指摘された。

23 ICJ Judgment *supra* note 107、p. 14. 同判決パラ 191 には「最も重大な形態の武力行

使（武力攻撃を構成するもの）をその他の重大性のより低い形態のものと区別する必要がある」(it will be necessary to distinguish the most grave forms of the use of force (those constituting an armed attack) from other less grave forms.) と記されている。また、パラ195で、ICJは、ある行為が武力攻撃に該当するか否かの判断基準として「規模及び効果」に言及している。

24　2019年12月の第1公式セッションで国家責任及び自衛権の明記を口頭提案。2020年2月に日本のポジション・ペーパー（非公表）を提出し国家責任、対抗措置、自衛権、国際人道法の明記を提案。公表ベースでは、例えば、2020年5月の安保理アリア・フォーミュラ会合でも自衛権の明記を主張。

25　OEWGに提出した文書で、中国は、「武力紛争法及び jus ad bellum は慎重に扱う必要がある。サイバー戦争の合法性はいかなる状況においても認められるべきではない。国家は、サイバー空間を新たな戦場にしてはならない。」と述べているが、この立場を繰り返しつつ、国際人道法の適用や自衛権の適用の明記を拒んできた。

26　https://documents.unoda.org/wp-content/uploads/2022/03/CMIB-Eng2.pdf

27　英国の植民地であったカナダで、英国からの独立を目指す反乱が起こった際、叛徒が米国船籍のカロライン号を用いて、米国内で調達した武器弾薬の輸送に当てた。同号が米国の港に停泊中に英国軍がこれを襲撃したのがこの事件である。（浅田正彦編著『国際法（第5版）』（東信堂、2022年）475頁）

28　平成27年7月17日長妻昭衆議院議員質問主意書に対する答弁書の中で「政府として、これまで一貫して、どの時点で武力攻撃の着手があったとみるべきかについては、その時点の国際情勢、相手方の明示された意図、攻撃の手段、態様等によるものであり、個別具体的な状況に即して判断する必要があることから、一概にお答えすることは困難である旨お答えしているところであり、お尋ねの「国際情勢」、「相手方の明示された意図」、「攻撃の手段」及び「攻撃の態様等」のそれぞれについて、どのような内容が含まれるか、あらかじめ確定的にお答えすることは困難である。」との立場を表明している。

29　浅田正彦編集代表『ベーシック条約集』（東信堂、2022年）998頁

30　前掲『条約集』（注29）1005頁

31　国の存立を全うし、国民を守るための切れ目のない安全保障法制の整備について（平成26年7月1日国家安全保障会議決定、閣議決定）には次の記述がある。
　　我が国による「武力の行使」が国際法を遵守して行われることは当然であるが、国際法上の根拠と憲法解釈は区別して理解する必要がある。憲法上許容される上記の「武力の行使」は、国際法上は、集団的自衛権が根拠となる場合がある。この「武力の行使」には、他国に対する武力攻撃が発生した場合を契機とするものが含

まれるが、憲法上は、あくまでも我が国の存立を全うし、国民を守るため、すなわち、我が国を防衛するためのやむを得ない自衛の措置として初めて許容されるものである。

32 同公開討論の議事録は U.N. Doc S/PV.8144。同公開討論でアントニオ・グテーレス国連事務総長は「サイバーセキュリティの危険は高まっている。」と指摘している。

33 U.N. Doc. A/RES/74/247. 賛成 79 票、反対 60 票、棄権 33 で採択された。ロシアは投票前の発言で、同決議案によって設置されるアドホック委員会はサイバー犯罪に関する包括的な研究を行うための専門家会合の作業と結論を考慮しなければならないことになっている、クラブによる合意の時代から民主的な交渉プロセスに移行しなければならないという趣旨を述べている。米国及びフィンランド（EU を代表して）は投票前の発言で、サイバー犯罪に関する専門家会合の結論を待たずに条約交渉のためのアドホック委員会を設置することの問題点を指摘するとともに、サイバー犯罪に関する新たな条約を作ることに関してコンセンサスがない中でアドホック委員会を立ち上げるとサイバー犯罪に関する国際協力を損ないかねないという問題点を指摘している。U.N. Doc. A/74/PV.52、pp.35-37.

　日本政府は、2019 年 7 月までに国連事務総長に提出した文書の中で、サイバー犯罪の国内法整備を加盟国が進めていくことを国際社会が支援すべきであり、既存の国際的な法的枠組みを活用することで重複を避け、すでに広く受け入れられている基準に基づく立法が可能になる、ブダペスト条約が共通の出発点になるとの考えを表明している。U.N. Doc. A/74/130、p.37.

34 中国共産党機関誌「求是」2020 年 21 期号に習近平国家主席名で「国家中長期経済発展戦略の若干の重大な問題」という記事が掲載された。原典の习近平「国家中长期经济社会发展战略若干重大问题」『求是』(2020 年第 21 期) p.4、p.6 の該当部分は「拉紧国际产业链对我国的依存关系、形成对外方人为制供的强有力反制和威慑能力」となっている。求是ウェブサイトに掲載されている英語版では、該当部分は "deepen China's involvement in global industrial chains. By doing so, we will develop effective deterrent against attempts by other countries to sever our supply chains." となっており、「拉紧」のニュアンスがない。

35 「国別見解」で「国際情報安全保障に関する法的拘束力のある普遍的な国際約束（convention）の作成と採択によって ICT 環境の法的規制が行われるべきである」と主張している。

36 サイバー外交官の間では「ツール・ボックス (tool box)」すなわち「道具箱」という用語がよく使われる。

資　料

第 6 次国連サイバー GGE 報告書 (2021 年) 抜粋 (仮訳)

正式名称：国際安全保障の文脈の中でサイバー空間における国家の責任ある
行動を促進することに関する政府専門家グループの報告書

III 「行動規範」、規則及び原則

15. 本グループは、国家による ICT の利用に関して、国家による責任ある行
動に関する任意で拘束力のない規範 (筆者注：本書では 2015 年 GGE 報告書以降
GGE の文脈で用いられている本件規範のことを「行動規範」と記している。) が、国際
の平和、安全及び安定に対するリスクを軽減できることを再確認する。「行動
規範」と既存の国際法は併存している。「行動規範」は、それがなければ国際
法に合致する行動を制限又は禁止しようとはしていない。「行動規範」は国際
社会の期待を反映し、国家による責任ある行動の基準を設定する。「行動規範」
は、ICT 環境における紛争を防ぎ、ICT の平和的利用に更に貢献し、世界の社
会的及び経済的発展を促進するのに役立つ ICT の完全な実現を可能にする。
16. 本グループはまた、「行動規範」、信頼醸成措置、国際協力及び能力構築
の間の相互関係を強調する。ICT の独自の属性に鑑み、本グループは、追加
の「行動規範」が時間の経過とともに形成される可能性があるという 2015 年
の報告書の見解を再確認し、加えて、拘束力のある追加的な義務が、必要に
応じて、将来精緻化される可能性に留意する。

17. 国連システムでの作業に加えて、本グループは、その任務に従って行われたニューヨークでの加盟国との非公式協議及び地域機関との協力で共有されたものを含む、地域レベルで出現している規範の実施に関する貴重な経験を認識し、国際安全保障の文脈における ICT に関する将来の作業は、これらの努力を考慮に入れるべきであることに留意する。本グループはまた、情報セキュリティのための国際行動規範に関する中国、カザフスタン、キルギスタン、ロシア連邦、タジキスタン及びウズベキスタンの提案に留意した（A/69/723 を参照）。

18. コンセンサス決議 70/237 で、総会は加盟国に対し、ICT の利用においては、国家による責任ある行動の 11 の任意で拘束力のない規範を含む 2015 年 GGE 報告書に導かれるよう求めた。責任ある行動を推進するというその任務に従って、本グループはこれらの「行動規範」に対する理解の追加の層を形成し、国際の平和及び安全の文脈における ICT の利用において国家に期待される行動に関するこれらの「行動規範」の価値を強調し、その履行を支援するために国及び地域レベルで国家が設置できる制度的取決めの種類の例を提供した。本グループは、そのような努力は、開かれた、安全で、安定した、アクセス可能で平和な ICT 環境を維持する目的で、国連憲章及びその他の国際法に基づく義務に従って実施されるべきであることを各国に想起させる。国家は、国家による責任ある行動の規範に沿っていない ICT の利用を回避し控えることを求められている。

「行動規範」13 (a) 国家は、国際の平和及び安全の維持を含む国際連合の目的に合致するよう、ICT の利用に関する安定及び安全を高め、有害と認められる又は国際の平和及び安全を脅かし得る ICT の慣行を防止するための措置の構築及び適用に際し協力すべきである。

「行動規範」13 (b) ICT インシデントの際には、国家は、当該事象のより大きな文脈、ICT 環境における帰属の課題、結果の性質及び範囲等を含む関連するすべての情報を考慮すべきである。

24.　悪意のあるICTインシデントの被害を受けた国家は、インシデントの評価においてすべての側面を考慮すべきである。考慮すべき側面(実証された事実に裏付けられたもの)に含まれ得るのは、インシデントの技術的属性、その範囲・規模・影響、インシデントが国際の平和及び安全に与える影響を含むより広い文脈、関係国間の協議の結果である。

28.国家はまた、多国間、地域的、二国間及び複数の利害関係者のプラットフォームを使用して、実行例を交換し、異なる種類の帰属を区別する方法を含む、帰属への国内アプローチに関する情報及びICTの脅威とインシデントに関する情報を共有することができる。本グループはまた、国連における将来の作業で、帰属に関する共通の理解と実行例の交換を促進する方法も検討されることを推奨する。

「行動規範」13(c)国家は、その領域がICTを用いた国際違法行為にそれと知りつつ使わせるべきではない。

29.この「行動規範」は、ICTを利用して行われる国際違法行為がその領域から発せられている若しくはその領域を通過していることを国家が認識している又は誠意を持って通知された場合、国家は、状況を検出し、調査し対処するためにすべての適切かつ合理的に利用可能で実行可能な措置を講じるという期待を反映している。それは、国家が他の国家又は非国家主体がその領域内でICTを利用して国際違法行為を行うことを許可すべきではないという理解を伝えている。

30.この「行動規範」の目的をどのように達成するかを検討する際、国家は次のことに留意すべきである。

(a)この「行動規範」は、国家がその領域内で進行中の活動を、均衡のとれた、適切かつ効果的な手段で、国際法及び国内法に合致する方法で終わらせるために、その能力の範囲内で合理的な措置を講じることへの期待を高める。それにもかかわらず、国家が自国領域内のすべてのICT活動を監視できる又は監視すべきであるとは期待されていない。

(b)自国領域内で行われているICTを利用した国際違法行為を認識していな

がらそれに対処する能力を有していない国家は、他の国家又は民間セクターからの支援を国際法及び国内法に合致した方法で求めることを検討し得る。支援の要請を策定し支援に応じるための相応の構造及び機構の確立は、この「行動規範」の実施に役立つ可能性がある。国家は、支援を提供する際に誠実かつ国際法に従って行動すべきであり、その機会を利用して、支援を求めている国家又は第三の国家に対して悪意のある活動を行うべきではない。

（c）影響を受ける国家は、活動が発生している国家に通知すべきである。通知を受けた国家は、協力と明確化を促進するために通知の受領を確認し、国際違法行為が行われたかどうかの立証を支援するためにあらゆる合理的な努力を払うべきである。この通知の受領を確認することは、そこに含まれる情報に同意することを示すものではない。

（d）第三国の領域又はインフラから発生する ICT インシデントは、それ自体、そのインシデントに対するその国家の責任を意味するものではない。さらに、自国領域が違法行為に利用されていることを他国に通知すること自体は、その行為自体に責任があることを意味するものではない。

「行動規範」13（d）国家は、情報交換、相互支援、テロ及び犯罪を目的とする ICT の利用の訴追のためにどのように最も良く協力できるかを検討し、当該脅威に対処するためのその他の協力措置を実施すべきである。国家は、この点について新たな措置を構築する必要があるかを検討する必要があるかもしれない。

「行動規範」13（e）国家は、ICT の安全な利用を確保する際、表現の自由に関する権利を含む人権の十分な尊重を保障するため、インターネット上の人権の促進、保護及び享受に関する人権理事会決議 20/8 及び 26/13 の他、デジタル時代におけるプライバシーの権利に関する総会決議 68/167 及び 69/166 を尊重すべきである。

36. この「行動規範」はオンラインでもオフラインでも、国家はそれぞれの義務に従って、人権及び基本的自由を尊重し保護すべきことを想起させるも

のである。この観点から特に注意を要するのは、国境とのかかわりなく、あらゆる種類の情報及び考えを求め、受け及び伝える自由を含む表現の自由その他自由権規約、社会権規約の関連規定や世界人権宣言に記されたその他の関連規定である。(後略)

37.(前略)恣意的又は違法な大規模監視のような国家実行は人権、特にプライバシーの権利の行使及び享有に否定的な影響を与え得る。

「行動規範」13(f) 国家は、故意に重要インフラに損害を与え又は国民にサービスを提供する重要インフラの使用及び運用を害するような国際法上の義務に反する ICT 活動を実施又はそれと知りつつ支援すべきではない。

44.「行動規範」13(g) に記載されているように、国家は自国の重要なインフラを保護するために適切な措置を講じるべきである。この点で、国家の優先事項及び重要インフラの分類方法に従って、各国はどのインフラ又はセクターが自国の管轄内で重要と判断されるかを決定する。

45. COVID-19 パンデミックは、重要インフラに対処する「行動規範」(この「行動規範」や「行動規範」(g)、(h)を含む)の実施などを通じ、医療並びに医療インフラ及び施設を保護することの決定的重要性に関する認識を高めた。公衆への不可欠なサービスを提供する決定的に重要なインフラのセクターの他の例としては、エネルギー、発電、水と衛生、教育、商業及び金融サービス、運輸、電気通信及び選挙プロセスが含まれ得る。重要インフラは、インターネットの一般的な可用性又は完全性に不可欠な技術インフラのようにいくつかの国家にサービスを提供するインフラを指す場合もある。そのようなインフラは、国際貿易、金融市場、世界規模の輸送、通信、健康又は人道的行動にとって重要な場合がある。これらのインフラを例として強調することは国家が他のインフラを重要なものとして指定することを排除するものでも、また上記で指定されていない分類のインフラに対する悪意のある活動を容認するものでもない。

「行動規範」13(g) 国家は、総会決議 58/199 を考慮し、その重要インフラを

ICT の脅威から保護するために適切な措置を講じるべきである。

49. 一部の国家は、地域的又は国際的にサービスを提供するインフラのホスト国として機能する。このようなインフラに対する ICT の脅威は、不安定な影響を与える可能性がある。そのような取決めをしている国家は、関連するインフラの所有者及び運営者との国境を越えた協力を奨励して、そのようなインフラに与えられた ICT セキュリティ対策を強化し、そのようなインフラに影響を与える ICT インシデントを検出及び軽減するための既存のプロセスを強化し又は補完的なプロセスと手順を開発することができる。

「行動規範」13（h）国家は、重要インフラが ICT を用いた悪意のある行為を受けている他の国家からの適切な支援要請に対応すべきである。国家は、主権に十分配慮し、その領域から発せられる他国の重要インフラを対象とする ICT を用いた悪意のある活動の緩和のための適切な要請にも対応すべきである。

「行動規範」13（i）国家は、エンドユーザーが ICT 製品のセキュリティを信頼できるように、サプライチェーンの完全性を確保するための合理的な措置を講じるべきである。国家は、悪意のある ICT ツール及び技術並びに有害な隠し機能の利用の予防に努めるべきである。

56. この「行動規範」は、開放的で、安全で、安定していて、アクセス可能で、平和な ICT 環境に対するエンドユーザーの信頼及び信用を促進する必要性を認めている。ICT サプライチェーンの完全性及び ICT 製品のセキュリティを確保し、悪意のある ICT ツール及び技術の拡散を防ぎ、有害な隠し機能の利用を予防することは、その点でますます重要であり、また国際安全保障、デジタル分野の発展及びより広範な経済発展にとっても重要である。

57. 世界的な ICT サプライチェーンは広範で、ますます複雑で相互依存的であり、多くの異なる関係者が関与している。開放性を促進し、サプライチェーンの完全性、安定性、セキュリティを確保するための合理的な手段には、次のものが含まれる。

(a) 国家レベルで、国家の国際的義務に合致する、サプライチェーンリスク管理のための包括的で透明性のある客観的かつ公平な枠組みと機構を導入すること。このような枠組みには、新技術の利益やリスクなど、様々な要因を考慮したリスク評価を含むことができる。

(b) ICT 製品及びサービスの完全性及びセキュリティに対する国際的な信頼を構築し、品質を高め、選択を促進するために、ICT 機器及びシステムのサプライヤー及びベンダーによるグッドプラクティスの採用を客観的に促進するための政策及び計画を確立すること。

(c) 国家政策、国連及びその他のフォーラムでの国家及び関連する関係者との対話において、ICT の完全な実現を可能にし、世界の社会的及び経済的発展を促進し、国際の平和及び安全の維持に貢献すると同時に、国家の安全及び公共の利益を保護するために、すべての国家が対等な立場で競争し、革新できることを確実にする方法について注目を高めること。

(d) サプライチェーンのリスク管理に関する二国間、地域及び多国間レベルでのグッドプラクティスの交換などの協力的措置。サプライチェーンのセキュリティに関するグローバルに相互運用可能な共通のルールと標準の開発及び実装。サプライチェーンの脆弱性を減らすことを目的としたその他のアプローチ。

58. 悪意のある ICT ツールや技術の開発や拡散及びバックドアを含む有害な隠し機能の利用を防ぐために、国家は国家レベルで次のことを導入することを検討することができる。

(a) ICT ベンダーに、ICT 製品の設計、開発及びライフサイクル全体に安全性とセキュリティを組み込むことを要求するなど、サプライチェーンの完全性を強化するための措置。この目的のために、国家はまた、独立した公平な認証プロセスを確立することを検討することができる。

(b) データ及びプライバシーの保護を強化する立法上及びその他のセーフガード。

(c) 重要インフラを含む、システム及びネットワークの機密性、完全性及び可用性を損なう可能性のある ICT 製品の有害な隠し機能の導入及び脆弱性

の悪用を禁止する措置。

59. 上記の手順と措置に加えて、国家は、ICT製品のサプライチェーンのセキュリティを含む、ICTのセキュリティとその利用を改善するために、民間部門と市民社会が適切な役割を果たし、この規範の目的を達成することに貢献するよう引き続き奨励すべきである。

「行動規範」13 (j) 国家は、ICT及びICT依存インフラに対する潜在的脅威を制限し、可能であれば除去するためにICTの脆弱性の責任ある報告を促し、当該脆弱性に対して取り得る救済手段に関する関連情報を共有すべきである。

「行動規範」13 (k) 国家は、他国の公認の緊急対応チーム（コンピューター緊急対応チーム又はサイバーセキュリティ・インシデント対応チームとも呼ばれる。）の情報システムを害する活動を実施又はそれと知りつつ支援すべきではない。国家は、悪意のある国際的な活動に従事させるために公認の緊急対応チームを利用すべきでない。

VI 国際法

69. 国際法は紛争を予防し国際の平和及び安全を維持するための諸国家の共通のコミットメントの基礎であり、国家間の信頼を強化する鍵である。国際法が国家によるICTの利用にどのように適用されるかを検討するに当たり、本グループは、過去のGGE報告書の国際法に関する評価及び勧告、とりわけ、国際法、特に国連憲章は適用され、平和及び安定を維持し、開放的で安全で安定していてアクセス可能で平和的なICT環境を促進するために不可欠であることを再確認する。これらの評価及び勧告は、以前の報告書の他の実質的な内容と併せて、国家による国際法（特に国連憲章上の義務）の遵守はICTの利用に伴う行動にとっての不可欠の枠組みであることを強調する。

70. この点に関し、本グループは、国連憲章及びその他の国際法の次の諸原則に対する国家のコミットメントを再確認した。主権平等。国際紛争を平和的手段によって国際の平和及び安全並びに正義を危うくしないように解決す

ること。国際関係において武力による威嚇又は武力の行使をいかなる国の領土保全又は政治的独立に対するものも、また、国際連合の目的と両立しない他のいかなる方法によるものも慎むこと。人権及び基本的自由の尊重。他の国家の国内問題への不干渉。

71. いままでの GGE の作業に追加し、憲章及び決議 73/266 に含まれる任務に導かれ、本グループは、次のとおり、国家による ICT の利用に国際法がどのように適用されるかについての 2015 年 GGE 報告書の評価と勧告に理解の追加的な層を提供する。

(a) 国連憲章第 2 条 3 及び第 6 章に基づく義務に従い、ICT の利用を伴うものも含め、いかなる紛争でもその継続が国際の平和及び安全の維持を危うくする虞のあるものについては、その当事者は、まず第一に、憲章第 33 条に記されているような手段(すなわち、交渉、審査、仲介、調停、仲裁裁判、司法的解決、地域的機関又は地域的取極の利用その他当事者が選ぶ平和的手段)による解決を求めなければならないことに本グループは留意する。本グループはまた、平和的手段による紛争の解決に関連する憲章の他の規定の重要性にも留意する。

(b) 本グループは国家主権及び主権から導かれる国際的な規範及び原則は国家による ICT 関連活動及びその領域内の ICT インフラに対する管轄権に適用されることを再確認する。国際法上の既存の義務は国家による ICT 関連活動に適用される。国家は、とりわけ、政策と法律を設定し、ICT 関連の脅威からその領域内の情報通信インフラを保護するために必要な機構を確立することにより、その領域内の情報通信インフラに対する管轄権を行使する。

(c) 不干渉原則に従って、国家は、ICT を手段とする場合も含め、他国の国内問題に直接又は間接に干渉してはならない。

(d) ICT を利用する際、また、国際連合憲章に従って、国家は、その国際関係において、武力による威嚇又は武力の行使を、いかなる国の領土保全又は政治的独立に対するものも、また、国際連合の目的と両立しない他のいかなる方法によるものも慎まなければならない。

(e) 人類共通の利益のために ICT を平和的に利用することへの国際社会の希求を強調し、国連憲章が全体として適用されることを想起し、本グループは、

国際法に合致し国連憲章において認められている措置をとる国家固有の権利及び本件に関する継続的な研究の必要性に再度留意した。

(f) 本グループは、国際人道法が武力紛争下においてのみ適用されることに留意した。本グループは、2015 年報告書で留意された、適用される場合の、人道、必要性、均衡性及び区別の諸原則を含む確立された国際法上の原則を想起する。本グループは、これらの原則がいつどのように国家による ICT の利用に適用されるかに関するさらなる研究の必要性を認識し、これらの原則を想起することが紛争を正当化したり奨励したりすることはないことを強調した。

(g) 本グループは、国家は国際法に基づき自国に帰属する国際違法行為に関する国際的義務を果たさなければならないことを再確認する。本グループはまた、国家は ICT を用いた国際違法行為を行うために代理を使用してはならないこと、また、その領域が非国家主体によってそのような行為を行うために使用されないことを確保するよう努めるべきであることを再確認する。同時に、本グループは、ある国家の領域又は ICT インフラから ICT 活動が開始された、又は、そこから他の方法によりもたらされているという現れは、それ自体では当該活動をその国家に帰属させるには不十分であり得ることを想起する。そして、違法行為を組織し実施したという国家に対して提起される非難には裏付けがあるべきであることに留意する。国際違法行為に対する国家の責任の追及は、複雑な技術的、法的、政治的考慮を伴う。

72. 既存の国際法も国際法が将来更に発展することも害することなく、本グループは、国際法の特定の規則及び原則が国家による ICT の利用にどのように適用されるかについての各国による継続的な議論及び意見交換が国連において集合的に行われることが、共通の理解を深め、誤解を避け、予測可能性と安定性を高めるために不可欠であることを認めた。そのような議論は、国家間の地域的及び二国間の意見交換を活用し、それらによって支持されることもできる。

73. 本グループの任務に従い、国際法が国家による ICT の利用にどのように適用されるかについて（本グループに）参加している政府専門家の（出身国の見

解についての)任意の国別の貢献はコンペンディアムとして国連軍縮部のウェブサイトに掲載される。本グループは、すべての国家が、国連事務総長を通じて又はその他の適切な方法で任意に自国の見解及び評価を共有し続けることを奨励する。

VII 結論及び将来の作業についての提言

95. 本グループはまた、将来の作業の可能性がある分野を特定した。それらには、次の諸点が含まれるが、次の諸点に限定されない。

(a) ICT の悪用によってもたらされる国際の平和及び安全に対する既存及び新たな脅威と潜在的なリスク、及び、ICT 対応インフラのセキュリティに関する共通の理解を促進するための、二国間、地域及び多国間レベルでの協力の強化。

(b) 国家による責任ある行動に関する規範及び規則及び原則並びに「行動規範」及び信頼醸成措置の実施における国及び地域の慣行に関する見解のさらなる共有と交換。さらなる詳細な議論のために国際法の特定のトピックを特定することを含め、国際法が国家による ICT の利用にどのように適用されるかに関する見解のさらなる共有と交換。

(c) 上記のパラ 90 を考慮して、すべての国が国際の平和及び安全の維持に貢献できることを確実にするために、この報告書の評価と勧告に関する国際協力と能力構築を更に強化すること。

(d) 必要に応じて、責任ある行動の枠組みを実施するための取り組みにおいて、民間部門、学界、市民社会、技術コミュニティを含む他の重要な利害関係者の関与を促進する機構を特定すること。

(e) この報告書で議論されているトピックに関する関連研究を実施するよう、すべての加盟国にサービスを提供する UNIDIR に要請すること、また、他の適切なシンクタンク及び研究機関に奨励すること。

96. 本グループは、国際安全保障の文脈における ICT に関する国連の下での包摂的で透明性のある交渉プロセス(総会決議 75/240 で設置の決まった 2021 年から 2025 年までの ICT の利用に関するオープンエンド作業部会を含み、また、そ

れを認める）の継続を奨励する。本グループは、今後の作業が累次 GGE と OEWG の作業の積み重ねの上に構築されることを推奨する。

97. 本グループは、諸国家に対し、包括的でコンセンサス主導の行動志向で透明性のある定期的な対話、協議、能力構築を支援するため、国連及びその他の地域並びに多国間フォーラム内で国家による責任ある行動の枠組みを促進するための努力を継続するよう奨励する。この点に関して、また、OEWG の結果と同様に、本グループは、国家による責任ある行動を前進させるための様々な提案、特に行動計画に留意する。それらの提案は、とりわけ、ICT の利用における約束を実施するための国家の能力を支援することになる。これらの提案を検討する際には、国連において、平等な参加を通じて、すべての国の懸念と利益が考慮されるべきである。この点に関して、行動計画は、総会決議 75/240 に従って確立された OEWG プロセスなどにおいて、更に精緻化されるべきである。

98. 本グループは、加盟国が、この報告書及び以前の GGE の報告書の評価及び勧告並びに OEWG の最終報告書（A / 75/816）の結論及び勧告に導かれること、また、これらがどのように更に発展され実施され得るかを検討することを推奨する。

2021 年 5 月 28 日
外務省

サイバー行動に適用される国際法に関する
日本政府の基本的な立場

1. 位置づけと目的

　2004 年から 2017 年までの間、国連事務総長によって任命された政府専門家からなる「国際安全保障の文脈における情報通信分野の発展に関する政府専門家グループ」(以下 GGE) が国連総会決議に基づき設置された。政府専門家のコンセンサスで作成された 2013 年及び 2015 年の報告書において、特に国連憲章全体を含む、既存の国際法がサイバー行動[1]にも適用されることが確認された。国連総会の場で両報告書がコンセンサスで承認されたことにより、この認識は、すべての国連加盟国の総意となった。2015 年の報告書において、GGE は国際法がサイバー行動にどのように適用されるかにつき、様々な重要な見解を示し、同時に、この議論が継続されるべきである旨を勧告した。第 5 回 GGE では 2017 年に報告書を採択できなかったが、国際法の適用に関する議論が十分に収斂しなかったこともその一因である。その後、2019 年から、第 6 回 GGE[2]において、国際法がどのように適用されるかに関する議論が活発に行われた。本年 5 月 28 日に第 6 回 GGE の報告書がコンセンサス採択された。

　本文書は、サイバー行動に適用される国際法に関する日本政府の現時点での基本的な立場をまとめたものである。本文書は、事務総長に第 6 回 GGE の設置を要請した決議 73/266 に明記されたマンデートに従って、事務総長

　1　本文書において、「サイバー行動」という用語は、情報通信設備及び技術を利用した行動を意味する。
　2　第 6 回 GGE の正式名称は「国際安全保障の文脈の中でサイバー空間における国家の責任ある行動を促進することに関する政府専門家グループ」である。

によって総会に提出される GGE 報告書の付属文書に含まれることを想定
して、GGE 議長の求めに応じた各国による会合への寄与として作成された。
本文書において、日本政府は、国連憲章全体を含む既存の国際法がサイバー
行動にも適用されることを再確認した上で、既存の国際法がどのようにサイ
バー行動に適用されるかについて、最も重要かつ基本的な事項を示して現時
点での立場を示すものである。本文書の内容は、現在行われているものを
含む 6 回の GGE（現在の GGE を含め、日本政府から 4 回にわたり政府専門家が任
命された）及び 2019 年に設置されたオープンエンド作業部会（OEWG）におけ
る議論、日本政府と各国政府との二国間・複数国間協議における議論の他、
NATO サイバー防衛協力センターの支援による日本等の NATO 以外の国籍
を有する専門家が個人的資格で作成したタリン・マニュアル 1.0 及び 2.0 等
の政府以外の研究成果や日本政府が主導したものを含むマルチステークホル
ダーの議論を踏まえたものである。

　日本政府は、サイバー行動に適用される国際法に関して、多数の国の政府の
基本的立場が公表され、国際裁判や国内裁判で国際法が援用されることによっ
て、国際法がサイバー行動にどのように適用されるのかに関する国際的な共通
認識が深まることを期待する。日本政府は、そのような共通認識が深まること
によって、特に、サイバー空間におけるいかなる行動が国際法違反であるか、
サイバー行動によって法益侵害を受けた被害国が、国際法上どのようなツール
を用いることができるかに関する共通認識が形成されることによって、サイ
バー空間における悪質な行為が抑止されることを期待する[3]。日本政府は国連の
場におけるものを含め、関連の議論に積極的に参加し続ける方針である。

　なお、サイバー行動に適用される国際法はここで言及されているものにと
どまらない。日本はサイバー犯罪に関する条約に参加しているが、サイバー
犯罪に関する条約はサイバー行動に適用される重要な国際法である。また、
日本が CPTPP、日米デジタル貿易協定、日英 EPA 等でルール化を進めてい
る DFFT に関する条約上の規定も、サイバー行動の一側面に適用される、国

　3　「サイバー空間」という用語は、現実の空間に属しない空間の存在を意味しない。

際法の一部である。

2. サイバー行動に適用される国際法

(1) 既存の国際法及び国連憲章

国連憲章全体を含む既存の国際法はサイバー行動にも適用される。

2015年GGE報告書は、国家による責任ある行動に関する拘束力のない自発的な規範を11項目記載している。これらは、政府専門家間で少なくとも規範として履行しなければならないものとして合意された項目であるが、その中にも、国際法上の権利義務を確認したもの及び国際法上の権利義務に関連するものが含まれている。11項目に記載があることを以て既存の国際法上の権利義務が消滅したり変更されたりすることはない。

(2) 主権侵害と不干渉原則

国家は、サイバー行動によって他国の主権を侵害してはならない。また、国家は、サイバー行動によって他国の国内管轄事項に干渉してはならない。

不干渉原則については、サイバー行動が、威圧を含むニカラグア事件判決 (1986年)[4]で明確化された要件を満たす場合には違法な干渉となり得る。

一方、このような不干渉原則とは必ずしも一致しない主権侵害について、常設国際司法裁判所は、ロチュース号事件判決において、他国領域内での権力行使は国際法上禁止されると判示し[5]、パルマス島事件仲裁判決において、仲裁裁判所は「国家間の関係においては、主権とは独立を意味する。地球の一部分に関する独立とは、他のいかなる国家をも排除して、そこにおいて国家の機能を行使する権利である。」と述べている[6]。これら及びその他の判決を考慮すれば、日本政府としては、不干渉原則により禁じられる違法な干渉とは必ずしも一致しない主権侵害が存在すると考えてきている。

4　Military and Paramilitary Activities in and against Nicaragua (Nicaragua v. United States of America). Merits, Judgment. I.C.J. Reports 1986, p.136-139, paragraph 205.

5　The Lotus case, PCIJ, Series A, No. 10, 1927, p. 18-19.

6　Island of Palmas Case, Award, RIAA, Vol.II, p. 838.

　また、主権侵害について、国際司法裁判所 (ICJ) は、ニカラグア事件判決 (1986年) において、米国による不干渉原則への違反を認定した上で、それらに加えて米国によるニカラグア領空の飛行の指示又は許可が他国の主権を侵害してはならないという慣習国際法に違反した旨を述べており[7]、また、コスタリカ・ニカラグア事件判決 (2015年) は、コスタリカがニカラグアの領域において権威を行使した証拠がないことを、コスタリカが領土一体性及び主権を侵害したとのニカラグアの主張を退ける理由として挙げている[8]。これらを踏まえれば、主権侵害は違法な干渉に当たらなくとも国際法違反を構成する場合があると考えられる。

　医療機関を含む重要インフラに対するサイバー行動によって物理的被害や機能喪失を生じさせる行為は、場合によっては違法な干渉等にも当たり得るが、いずれにせよ主権の侵害に該当し得ると考える[9]。主権侵害と違法な干渉の関係については、第6回 GGE や OEWG でも様々な意見が表明されており、国家実行や今後の議論を通じて特定されることが望まれる。

(3) 国家責任

　サイバー空間における国家による国際違法行為は当該国家の国家責任を伴う。国際違法行為は、国家の作為又は不作為による国際法の一次規則の定める義務に対する違反によって生じ、サイバー行動の場合にも、国家が、主権、不干渉、武力行使の禁止等の原則、民用物への攻撃禁止等の国際人道法上の諸原則及び基本的人権の尊重等の一次規則に違反した場合は国際違法行為が生ずる。

　なお、以下では参考として国際法委員会 (ILC) が作成した国家責任条文に言及するが、同条文は条約として採択されておらず、個々の条文が慣習国際

7　Military and Paramilitary Activities in and against Nicaragua (Nicaragua v. United States of America). Merits, Judgment. I.C.J. Reports 1986, p.136-139, paragraph 292.

8　Certain Activities Carried Out by Nicaragua in the Border Area (Costa Rica v. Nicaragua) and Construction of a Road in Costa Rica along the San Juan River (Nicaragua v. Costa Rica), Judgment, I.C.J. Reports 2015, p. 738, paragraph 223.

9　タリン・マニュアル 2.0 は主権侵害となり得るケースとして、サイバーインフラの物理的損害が生じた場合や機能が喪失した場合にも言及している。

法を反映しているか否かについては個別に精査を要する。

(a) 帰属

国家による国際違法行為は、その行為が国際法上当該国に帰属しかつその行為が当該国の国際法上の義務の違反を構成する場合に存在する。

サイバー行動における帰属の議論は、法的側面、政治的側面、技術的側面がある。

サイバー空間におけるいかなる行為についても、国際法上の国家責任を追及するためには、当該行動が特定の国家に帰属するか否かを検討する必要がある。この点については、ILC 国家責任条文第 4 条から第 11 条が参考になる。一般に、サイバー行動が国家機関によって行われている場合等は、同行動は国家に帰属すると考えられる。その上で、非国家主体によるサイバー行動は原則として国家に帰属するものではないが、ILC 国家責任条文第 8 条によれば、当該行為を行うに際して事実上国の指示に基づき、又は指揮若しくは統制の下で行動していた場合には当該国の行為と見なされると考えられる[10]。

(b) 国際違法行為を行った国家の義務

サイバー行動についても、国際違法行為に関して責任を負う国家は、次のような義務を負う。まず、その行為が継続している場合には、当該違法行為を中止しなければならず、また、事情がそれを必要とする場合には、適当な再発防止の保証を与えなければならない。そして、責任を負う国は、国際違法行為により生じた被害に対して十分な回復を行わなければならない。

(c) 対抗措置・緊急避難

国際違法行為に対し対抗措置をとることは、一定の条件の下で、国際法上認められている。

一般論としては、他国による国際違法行為により侵害を受けた国は、違法行為国に対し、①国際違法行為を中止する義務や②回復の義務等の履行を促すために対抗措置をとることは、一定の条件の下で、国際法上認められている。

一般国際法上、対抗措置が先行する国際違法行為と同様の手段に限定され

10　Article 8 of the ILC's Articles on State Responsibility

なければならないとの制約はなく、このことは、サイバー空間における国際違法行為に対する対抗措置についても同様だと考えられる。

また、ILC 国家責任条文 25 条に示された要件に合致する場合には緊急避難を援用することも国際法上認められていると考える。

(4) 相当の注意

サイバー行動についても、国家は国際法上相当の注意義務を負う。2015年 GGE 報告書の規範 13 (c)、(f) 及びパラ 28 (e) の後段はこの義務に関連したものである。

ICJ は、コルフ海峡事件において「領域を他国の権利に反する行為にそれと知りつつ使わせてはならないすべての国の一般的義務 (every State's obligation not to allow knowingly its territory to be used for acts contrary to the rights of other States)」の存在に言及している (1949 年)[11]。サイバー行動との関連では、このような意味での相当の注意義務が重要である。

その上で、相当の注意義務の概念に関連して、アラバマ号事件仲裁判決 (1872 年) は、中立国の相当の注意は、中立義務の不履行によって交戦当事者の一方がさらされるおそれのあるリスクと厳格に比例すると述べ[12]、また、ジェノサイド条約適用事件 ICJ 判決において、ICJ は、ジェノサイド条約上の防止義務の性質を相当の注意義務と解していると見られ、ジェノサイドを可能な限り防止するためにジェノサイドを行いそうな主体に対して影響を与える能力を行使することが締約国の義務であるとした[13]。

サイバー行動に関する相当の注意義務に基づく領域国の義務の内容の外縁は必ずしも明確ではないが、これらの相当の注意義務の概念に関連した ICJ 判決も参照すれば、サイバー行動の重大性や、領域国の攻撃主体に対する影響力等を考慮して、当該義務の範囲を個別具体的に検討する必要があると考えられる。

---

11 Corfu Channel case, Judgment of April 9th, 1949: I.C.J. Reports 1949, P.22.

12 Alabama claims of the United States of America against Great Britain, RIAA, Vol XXIX, p.129.

13 Application of the Convention on the Prevention and Punishment of the Crime of Genocide (Bosnia and Herzegovina v. Serbia and Montenegro), Judgment, I.C.J. Reports 2007, p. 221, paragraph 430.

　上記を踏まえれば、少なくとも、例えば、他国の重要インフラを害すると
いった重大で有害な結果をもたらすサイバー行動について、ある国が、同国
が財政的その他の支援を行っている自国の領域に所在する者又は集団がその
ようなサイバー行動に関与している可能性について信頼に足る情報を他国か
ら知らされた際には、当該者又は集団がそのようなサイバー行動を行わない
ように、当該情報を知らされた国が保持している影響力を行使する義務等は、
上記の考え方に鑑みると、相当の注意義務に基づく当該領域国の義務に含ま
れると解される。

　また、サイバー行動の特徴の一つとして、国家への帰属の判断が困難なこ
とが挙げられる。この点、相当の注意義務は、国家に帰属しないサイバー行
動に対しても、同行動の発信源となる領域国に対して、国家責任を追及する
根拠となり得ると考えられる。たとえ国家へのサイバー行動の帰属の証明が
困難な場合でも、少なくとも、相当の注意義務への違反として同行動の発信
源となる領域国の国家責任を追及できる。

(5) 紛争の平和的解決・武力行使の禁止・自衛権
　(a) 紛争の平和的解決
　サイバー行動が関わるいかなる国際紛争も、国連憲章第2条3に従って平
和的手段によって解決されなければならない。また、国連憲章第33条に従って、
サイバー行動が関わるいかなる紛争でもその継続が国際の平和及び安全の維
持を危くする虞のあるものについては、その当事者は、まず第一に、交渉、審査、
仲介、調停、仲裁裁判、司法的解決、地域的機関又は地域的取極の利用その
他当事者が選ぶ平和的手段による解決を求めなければならない。また、紛争
の平和的解決のため、国連憲章第6章及び第7章に基づく安全保障理事会の
権限や同憲章第14章及び国際司法裁判所規程に基づく同裁判所を含む他の国
連機関の任務はサイバー行動に伴う紛争においても活用されるべきである。

　(b) 武力行使の禁止
　サイバー行動であっても、一定の場合には、国連憲章第2条4が禁ずる武

力による威嚇又は武力の行使に当たり得る。同条に基づき、すべての国家は、その国際関係において、武力による威嚇又は武力の行使を慎まなければならない。日本政府は、武力による威嚇とは、一般に、現実にはまだ武力を行使しないが、自国の主張、要求を入れなければ武力を行使するとの意思、態度を示すことにより、相手国を威嚇することをいうと考えている。国際関係における武力による威嚇又は武力の行使を慎む義務はサイバー行動に関する重要な義務である。

(c) 自衛権

サイバー行動が、国際連合憲章 51 条にいう武力攻撃に当たる場合には、国家は、国際連合憲章第 51 条において認められている個別的又は集団的自衛の固有の権利を行使することができると考えられる。

(6) 国際人道法

サイバー行動にも国際人道法は適用される。

武力紛争下においては、紛争当事者の戦闘方法や手段等は規制されるが、紛争当事者によって実施されるサイバー行動も、国際人道法の規制を受ける。人道性原則、必要性原則、比例性原則、区別原則を含む国際人道法上の諸原則はサイバー空間における行為にも適用される。2015 年 GGE 報告書パラ 28 (d) でこれらの原則が「確立された国際的な法的原則」であると記されているので、同報告書が既存の国際法の適用を確認していることと合わせて読めば、同報告書はこれらの原則の適用を確認していると解釈される。また、ジュネーヴ諸条約第 1 追加議定書第 49 条においては、「「攻撃」とは、攻勢としてであるか防御としてであるかを問わず、敵に対する暴力行為をいう」とされている[14・15]。日本政府としては、サイバー行動についても、例えば軍事目標の破

---

14 「攻撃」とは、攻勢としてであるか防御としてであるかを問わず、敵に対する暴力行為をいう（ジュネーヴ諸条約第 1 追加議定書第 49 条）。

15 タリン・マニュアル 2.0 では、「サイバー攻撃とは、攻勢としてであるか防御としてであるかを問わず、人に対する傷害若しくは死、又は物に対する損害若しくは破壊を引き起こす

壊または機能停止を生じさせるものは、場合によっては国際人道法上の「攻撃」に該当し得ると考える。

　国際人道法の適用に際しては、基本的に「武力紛争」の存在が前提とされている。ジュネーヴ諸条約には「武力紛争」について特段の定義は置かれておらず、ある事態が「武力紛争」と評価できるか否かについては、実際の戦闘行為の態様や各紛争当事国の意思等を総合的に検討して個別具体的に判断すべきものと考えられるが、サイバー行動の効果を考慮すれば、サイバー行動のみによって「武力紛争」が発生することはあり得ると考えられる。

　サイバー行動に国際人道法が適用されることを確認することは戦闘方法や手段等の規制に資するのであり、サイバー空間の軍事化につながるとの主張は根拠がない。例えば、武力紛争下における医療機関に物理的被害や機能喪失を生じさせるサイバー行動は、国際人道法違反を構成し得る[16]と考えられ、適切に規制されるべきである。他方で、従来空間における戦闘様相と異なるサイバー空間において、戦闘員の範囲等については、国際人道法がどのように適用されるのか、今後議論していく必要がある。

(7) 国際人権法

　国際人権法は、サイバー行動にも適用される。個人は、サイバー行動に関して、他で享受するのと同じ人権を享受する。国際人権法に従い、国家は人権を尊重する義務がある。サイバー空間において尊重されるべき人権には市民的、政治的、経済的、社会的、文化的権利等、国際人権法上認められる全ての人権が含まれる。サイバーの文脈で特に関連するのは、プライバシー権、思想・良心の自由、表現の自由、適正手続の保障等である。2015 年 GGE 報告書のパラ 28 (b) の最後の一文は以上を確認するものである。同報告書の規範 13 (e) は国際人権法上の義務を一部確認するものであるが、そこに記されていない義務を変更するものではない。

　　ことが合理的に予期されるサイバー行動である。」とされている。
16　例えばジュネーヴ諸条約第 1 追加議定書第 12 条

資料 3

武力行使禁止及び自衛権に関する
第 6 次国連サイバー GGE 参加国の見解

第 6 次サイバー GGE 報告書に合わせて各国が提出し、コンペンディアム（U.N. Doc. A/76/136）に掲載されたサイバー行動と国際法に関する国別見解の中で日本以外にも 10 か国が自衛権に言及している。また、フランスの見解はコンペンディアムに掲載されていないが、フランス国防省が 2019 年 9 月に公表している文書[1]にも自衛権に関する記述がある。これらの 11 か国の国別見解から、武力行使禁止及び自衛権に関連する主な記述を以下のとおり抜粋し比較した。下線は筆者が付したものである（最初に安保理常任理事国、次に米国の同盟国、最後にその他の国の順に並べた。）。

①米国[2]
サイバー活動は、特定の状況下では、国連憲章第 2 条 4 及び慣習国際法の意味における武力の行使を構成する場合がある。サイバー活動が、国連憲章第 2 条 4 及び慣習国際法によって禁止されている武力の行使に該当するのか、それとも国家固有の自衛権を発動するのに十分な武力攻撃に該当するのかを判断する際に、国家は人の負傷又は死亡、及び財産の破壊又は損傷の性質と程度を考慮すべきである。これは必然的にケースバイケースの事実に基づく検討になるが、<u>死亡、負傷、又は重大な破壊を近接してもたらす又はその急迫している脅威となるサイバー活動は、武力行使 / 武力攻撃であると考えるべきである。</u>サイバー活動の物理的な結果が、爆弾の投下やミサイルの発射と同じような損害をもたらす場合、そのサイバー活動は同じように武力行使

1　Ministère des Armées、Droit International Appliqué aux Opérations dans le Cyberespace（2019）、at https://www.defense.gouv.fr/content/download/565895/9750877/file/Droit+internat+appliqu%C3%A9+aux+op%C3%A9rations+Cyberespace.pdf
2　U.N. Doc. A/76/136, p137.

/ 武力攻撃であると考えるべきである³。

ある出来事がサイバー空間内又はサイバー空間を通じた実際の又は急迫している武力行使 / 武力攻撃を構成するかどうかを評価する際に国家が考慮する必要がある要素の例として、出来事の起きた状況、行動を実行する主体 (サイバー活動が別の場所から又は別の人によって開始されたかのように見せるために、攻撃者が別の人 / 主体になりすますか、送信データを操作することができるなどのサイバー空間における帰属の課題は認識しつつ)、標的とその場所、サイバー活動の効果、攻撃者の意図 (攻撃者の身元と同様、攻撃者の意図を認識するのは難しいかもしれないが、その敵意はサイバー活動の特定の状況から推測される可能性があることを認識しつつ) などがある。

国連憲章第 51 条で認められている国家固有の自衛権は特定の状況において現実の又は急迫している武力攻撃に相当するサイバー活動に対して行使することができる。サイバー空間内の又はサイバー空間を通じた現実の又は急迫している武力攻撃に対する固有の自衛権は、攻撃者が国家主体であっても非国家主体であっても適用される。国家が、攻撃に使われているのと同じ能力を使用して自らを守らなければならないという要件はない。国家は、キネティック⁴ (すなわちサイバー空間内のものでもサイバー空間を通じたものでもない) 武力攻撃に対する自衛の手段として武力行使の水準に達するサイバー能力を用いることができる。さらに、国家は、サイバー空間内の又はサイバー空間を通じた武力攻撃に対し、特定の場合にキネティック武力を行使することができる。

自衛のための武力の行使は必要なものに限定され、サイバー空間内の又はサイバー空間を通じた、急迫している又は現実の武力攻撃に対処することに

---

3 2012 年 9 月、米国国務省法律顧問は講演の中で、武力の行使について、①原子力施設のメルトダウンを引き起こす活動、②ダムを人口密集地に開放し破壊する活動、③航空管制を不能にして航空機を墜落させる活動を例示し、また、常識的に考えて、爆弾を投下する又はミサイルを発射するのと同様の物理的な損害を生じさせるサイバー攻撃は武力の行使であるととらえられるべきであると述べている。Digest of United States Practice in International Law (2012)、pp.593-600.

4 キネティック攻撃等とは運動エネルギーを用いる攻撃等を意味し、サイバー攻撃、サイバー行動と区別するために用いられる用語である。

均衡しなければならない。自衛のための強制行動に頼る前に、国家は、受動的サイバー防衛又は武力行使未満の能動的防衛が武力攻撃又はその急迫している脅威を無力化する（neutralize）する上で十分かを検討しなければならない。

②英国[5]

　国連憲章第2条4は、武力による威嚇又は武力の行使を、いかなる国の領土保全又は政治的独立に対するものも、また、国際連合の目的と両立しない他のいかなる方法によるものも禁止している。事案ごとの事実と状況に応じて、サイバー空間で実行される国家による行為は、実際の又は威嚇された行為がキネティック手段を使用した行為と同じか類似の効果を持っている、又は持つ可能性がある場合、武力による威嚇又は武力の行使を構成する可能性がある。武力による威嚇又は武力の行使が国際法上違法ではない状況は、その行為がキネティック手段によるものかサイバー手段によるものかに関係なく同じである。

　サイバー手段によって実行される行動は、行動の規模及び効果がキネティック手段を用いた武力攻撃と同等である場合には、国連憲章第51条で認められている個別的又は集団的自衛の固有の権利の行使を可能とする武力攻撃を構成し得る。攻撃の規模及び効果を考慮する際の要因には、（実際の又は予想される）財産の物理的破壊、負傷及び死亡が含まれ得る。急迫している又は進行中の武力攻撃に対する固有の自衛権の行使は、武力攻撃がキネティック手段によるものかサイバー手段によるものかを問わず、それ自体がサイバー手段又はキネティック手段によるものであり得る。また、それは、常に必要性及び均衡性の要件を満たさなければならない。固有の自衛権を行使するかどうかは、あらゆる状況を考慮して常に慎重に検討される。

③フランス[6]

　主権の最も深刻な侵害、特にフランスの領土保全又は政治的独立を損なう

5　U.N. Doc. A/76/136、p116.

6　Ministère des Armées, Droit International Appliqué aux Opérations dans le Cyberespace（2019）pp 8-10

ものは、武力による威嚇又は武力の行使の禁止の原則に違反する可能性がある。この原則は使用された武器とは無関係にあらゆる武力の行使に適用がある。

　サイバー空間では、武力行使の閾値を超えるか否かは、使用されるサイバー手段によるのではなく、サイバー行動の効果による。

　ある国家が別の国家に対して行うサイバー行動は、その効果が通常兵器（armes classiques）の使用から生じるものと同等である場合、武力行使を禁止する原則の違反を構成する。

　しかしながら、フランスは、物理的影響を伴わないサイバー行動も武力行使を構成する可能性を排除しない。物理的な損傷がない場合、サイバー行動は、行動の起点や実行者の性質（軍隊であるか否か）、侵入の程度、行動によって引き起こされた又は意図された効果、標的の性質など、特に行動の際の支配的状況といった複数の基準に照らして武力行使であると判断することができる。もちろん、これらの基準は網羅的ではない。例えば、フランスの防衛能力を損壊することを目的として軍事システムに侵入したり、フランスに対するサイバー攻撃を実行するために個人に資金を提供したり、個人を訓練したりするという事実は、武力行使を構成する可能性がある。

　しかし、いかなる武力行使も、特にその影響が限定的、可逆的、又は一定の重大性に達しない場合、国連憲章第 51 条の意味での武力攻撃（aggression armée）を構成しない。

　武力攻撃として認定されるためには、サイバー攻撃も国家によって直接的又は間接的に実行されたものでなければならない。国家機関に所属する者又は公権力の特権を行使する者による行為以外に、国家は、国際違法行為に関する規則及び ICJ の判例に基づき、国家以外の行為主体が事実上国家の指示に基づき、又は国による指揮若しくは支配の下で行動していた場合にのみ、非国家主体によって行われた行為に対して責任を負う。今日まで、自国に対するサイバー攻撃を武力攻撃と認定した国家はない。 ICJ の判例に従い、フランスは、直接的にも間接的にも国家に帰属しない行動（action）を行う非国家主体による行為（actes）に対する自衛権の拡大は認めていない。

　フランスは、テロリスト・グループのダエシュに対してシリアで介入した
ように、「準国家」の特徴を示す主体によって実行された武力攻撃に対して、
例外的に自衛権を発動することができた。しかし、この例外的なケースは、
国家の直接的又は間接的な支援なしに介入する非国家主体によって行われる
行為に自衛の概念を拡張することを承認するという決定的な立場表明ではな
い。

　国家に帰属できない行為を行う非国家主体による武力攻撃に対処するため
の自衛権が認められるという解釈の方向に一般的な慣行が発展しているこ
とを排除できないという事実は残る。しかし、そのような発展は、2010年
に侵略罪を追加するために修正された国際刑事裁判所 (ICC) のローマ規程と、
ICC がこの分野で今後出す判例を念頭に置いて始まる必要がある。

　単独では武力攻撃の閾値に達しないサイバー攻撃であっても、その効果の
累積が十分な深刻度の閾値に達する場合、又は、武力攻撃を構成する物理的
な戦域における (dans le champs d'action physique) 作戦と同時に実行される場合で、
これらの攻撃が連携しており、同一の主体によるもの、又は、連携して行動
する異なる主体によるものの場合には武力攻撃を構成する。

　例外的な状況において、フランスは「いまだ開始 (déclenchée) されていな
いが、急迫していて確実な方法でまさにいま開始されようとしている (sur le
point de l'être) サイバー攻撃に対してその侵略の潜在的インパクトが十分に深
刻であることを条件に」、先制的自衛権 (la légitime défense préemptive) を行使す
ることを自らに認める。しかしながら、予防的自衛権 (la légitime défense préven-
tive) を根拠とする武力行使の合法性は認めない。

④オーストラリア[7]

　国連憲章及び慣習国際法の関連規則は、サイバー空間で行われる活動に適
用される。国連憲章の第2条3は、各国に紛争の平和的解決を求めることを

---

7 U.N. Doc. A/76/136, p6.

要求し、第2条4は、国家による武力による威嚇又は武力の行使を、他国の領土保全又は政治的独立に対するものも、また、国連の目的と両立しない他のいかなる方法によるものも禁止している。これらの義務及び国連憲章が全体として物理的な領域 (physical realm) と同様に、サイバー領域に適用される。

　紛争の平和的解決を求める義務は、武力攻撃に対応して個別的又は集団的自衛のために行動する国家固有の権利を害するものではない。この権利は、物理的な領域と同様に、サイバー領域にも同等に適用される。

　国連安全保障理事会は、国際の平和及び安全を脅かすサイバー活動に関して、国連憲章の第6章及び第7章 (平和に対する脅威、平和の破壊及び侵略行為に関する行動) に基づいてその権限と責任を行使することができる。

　サイバー活動が武力行使を構成するかどうかを判断する際、国家は、その活動の規模及び効果が、国際法の下で武力行使のレベルに達する従来のキネティック作戦に匹敵するかどうかを検討する必要がある。これには、サイバー活動の意図的又は合理的に予想される直接的及び間接的な結果の考慮が含まれる。例えば、その活動が、人への傷害又は死亡、物又は重要インフラの損傷又は破壊 (それらの機能に対するものを含む) という形で重大又は広範な (「規模」) 損傷又は破壊 (「効果」) を引き起こすと合理的に予想できるかどうかなどである。

　武力行使は、領域国が同意した場合、国連憲章第7章に基づいて安全保障理事会によって承認された場合、又は憲章第51条で認められている国家固有の個別的又は集団的自衛の権利に従って武力攻撃に対して行われた場合に合法となる

　オーストラリアは、第51条に基づく自衛権の行使を律する閾値と制限が、武力攻撃を構成するサイバー活動に関して、及びサイバー手段によって実行される自衛の行為に関して適用されると考える。したがって、サイバー活動が単独で又は物理的な行動と組み合わさって伝統的な武力攻撃と同等の損害をもたらす、又はその急迫している脅威となる場合、固有の自衛権が行使される。自衛のためのあらゆる武力の行使は、国家が実際の武力攻撃又は急迫している武力攻撃から自らを守るために必要でなければならず、範囲、規模

及び期間において均衡の取れた対応でなければならない。第51条への依拠
は、国連安全保障理事会に直接報告しなければならない。

　サイバー活動の迅速性、及びその潜在的に隠蔽された又は無差別な性質は、
確立された原則の適用に新たな課題をもたらす。これらの課題は、オースト
ラリアが、技術の進歩の結果として進化した国家安全保障の脅威の文脈に
おける急迫性と自衛権に関する立場を説明する際に指摘した。例えば、2017
年のクイーンズランド大学でのスピーチでは、当時の司法長官のジョージ・
ブランディス上院議員は次のように説明した。

　「攻撃主体が明確に武力攻撃の実行を決断しており被攻撃主体が行動しな
い限り自らを効果的に防衛する最後の機会を逸する状況において国家は武力
攻撃に対して先制的な (anticipatory) 自衛の行動をとることができる。例えば、
攻撃的サイバー行動の形での武力攻撃の威嚇があった場合 (中略)、それが大
規模な人命の損失及び重要インフラの損害をもたらす場合を考えてほしい。
そのような攻撃は1秒未満 (split second) で開始され得る。国家はその1秒未
満の時間が終わるまで行動する権利がないと真剣に提言することができよう
か。」

　⑤エストニア[8]

　国家は、その国際関係において、その規模及び効果に基づいて、武力によ
る威嚇又は武力の行使を構成するサイバー行動を、いかなる国の領土保全又
は政治的独立に対するものも、また、国際連合の目的と両立しない他のいか
なる方法によるものも慎まなければならない。

　重要インフラを標的とし、重大な損害、負傷又は死亡をもたらすサイバー
行動、又はそのような行動をとるとの威嚇は (ママ)、武力行使の例である。

　国連憲章第51条に従って、国家は武力攻撃の場合の自衛権を有する。

　サイバー行動が国連憲章第2条4又は第51条に基づき武力行使又は武力
攻撃の閾値に達するかを評価するためには、当該行動の規模及び効果を考慮

---

8 Ibid, p30.

しなければならない。<u>サイバー行動の効果がキネティック攻撃に匹敵する場合、それは武力攻撃を構成し得る。</u>

そのような状況において、被害国は自衛の権利があり、国連憲章及び慣習国際法の適用のある制約（例えば<u>均衡性や必要性</u>）が考慮される。

被害国はサイバー手段による武力攻撃に対処する際、<u>サイバー手段で措置をとらなければならないとの制約はない</u>。国家は、<u>均衡性</u>のある方法かつ国際法の他の規則に合致した方法で武力攻撃に対処するためのあらゆる手段を保有している。

エストニアは、人の傷害・死亡、損害、破壊をもたらすサイバー行動は国連憲章の下の武力攻撃に該当し得ると考える。

⑥ドイツ[9]

これまでのところ、悪意のあるサイバー行動の大多数は「武力」の範囲外であった。しかし、サイバー行動は極端な場合に武力行使の禁止の範囲に含まれる可能性があり、したがって国連憲章第2条4の違反を構成する可能性がある。

ICJは核兵器に関する意見の中で、憲章の規定は「使用される武器に関係なく、あらゆる武力行使に適用される」と述べている。<u>ドイツは、「武力行使」の定義に関して、手段よりも効果を強調する必要がある</u>という見解を共有している。

サイバー行動は閾値を超えて武力行使となり、2つの方法で重大な損害を引き起こす可能性がある。第1に、それらは<u>より広いキネティック攻撃の一部になる可能性</u>がある。そのような場合、それらは明らかに物理的な武力行使を含むより<u>広い行動の一つの構成要素</u>であり、事案全体の調査の中で評価することができる。第2に、キネティック軍事行動全体の文脈の外では、サイバー行動はそれ自体で重大な損害を引き起こし、大規模な死傷者をもたらす可能性がある。

9　Ibid, pp 35-43.

　後者のケースに関して、ドイツは、タリン・マニュアル 2.0 で表明された見解を共有する。すなわち、サイバー行動における武力行使の閾値は、ICJのニカラグア判決に類似して、そのようなサイバー行動の規模及び効果によって定義される。サイバー行動の規模及び効果が伝統的なキネティック武力行使の規模及び効果に匹敵する場合はいつでも国連憲章第 2 条 4 の違反を構成する。

　サイバー行動が禁止されている武力行使の閾値を超えたという決定（determination）は、ケースバイケースで行われる決定（decision）である。行動の規模及び効果の評価に基づいて、状況のより広い文脈と悪意のあるサイバー行動の重大さを考慮する必要がある。評価で役割を果たす可能性のある定性的基準は、とりわけ、干渉の重大性、その効果の即時性、外国のサイバー・インフラへの侵入の程度、及び悪意のあるサイバー行動の組織と調整の程度である。

　武力攻撃が発生した場合に国連憲章第 51 条に従って自衛権が生じる。悪意のあるサイバー行動は、規模及び効果が従来のキネティック武力攻撃に匹敵する場合はいつでも武力攻撃を構成する可能性がある。

　さらに、ドイツは、ICJ のニカラグア事件判決で表明された見解、すなわち、武力攻撃は武力行使の最も重大な形態を構成するという見解を認める。サイバー行動の規模及び効果が武力攻撃と見なされるほど深刻であるかどうかを評価することは、国際法の枠組みの中で行われる政治的決定である。財産の物理的損害、傷害及び死亡（間接的な効果としての場合を含む）、及び深刻な領土侵略が関連する要因である。決定は、技術情報だけに基づいて下されるのではなく、戦略的背景とサイバー空間を超えたサイバー行動の効果を評価した後に行われる。この決定は、そのような悪意のあるサイバー行動の被害国の裁量に任されているわけではなく、国連憲章第 51 条に従って国際社会、つまり国連安全保障理事会に包括的に報告する必要がある。

　武力攻撃を構成する悪意のあるサイバー行動への対応は、サイバーによる対抗行動に限定されない。自衛権が行使されると、攻撃を受けている国は、攻撃を終わらせるために必要かつ均衡のとれた手段をすべて講じることがで

きる。自衛は、その行使の引き金を提供した攻撃と同じ手段を使用する必要はない。

　非国家主体の行為も、武力攻撃を構成する可能性がある。アルカイダによる攻撃と ISIS の攻撃の両方に関して、ドイツはこの見解を表明している。

　ドイツの見解では、国連憲章第 51 条は、国家が自衛に頼ることができる対象の攻撃が「急迫している」ことを要求している。悪意のあるサイバー行動に対する自衛についても同様である。まだ攻撃を開始していない潜在的な攻撃者に対する打撃は、合法的な自衛には当たらない。

　⑦オランダ [10]

　（オランダ）政府は、サイバー行動が武力行使の禁止の範囲内に入る可能性があると考えている。特にその行動の効果が、禁止の対象となる従来の（conventional）暴力行為に匹敵する場合にはそうである。言い換えれば、禁止が適用されるかどうかは行動の効果が決定するのであり、それらの効果が達成される方法ではない。この立場は、国際司法裁判所の判例によって支持されている。国際司法裁判所は、自衛権の文脈での武力攻撃が行われたかどうかを評価する際に、行動の規模及び効果を考慮しなければならないと判示している。ある行為が国連憲章第 2 条 4 の意味する武力の行使に当たるかどうかを評価する際に、同じアプローチをとらない理由はない。したがって、サイバー行動は、その規模及び効果が非サイバー行動による武力行使と同じ水準に到達すれば、いかなる場合でも武力行使に当たる。

　国際法は、「武力の行使」の明確な定義を提供していない。（オランダ）政府は、行動が武力行使禁止違反に当たるような「規模及び効果」があるかどうかを立証するために、各ケースを個別に調査しなければならないという一般的に受け入れられている立場を支持する。国際問題諮問委員会（AIV）と国際公法問題諮問委員会（CAVV）は、2011 年の諮問報告書「サイバー戦争」で次のように述べている。「この規定の従来の解釈は、すべての形態の武力（armed

---

10　Ibid, pp 57-65.

force) が禁止されているというものである。純粋に経済的、外交的、政治的な圧力又は強制は、第 2 条 4 に基づく武力 (force) とは定義されていない。例えば、貿易関係の停止や資産の凍結は、影響を受ける国にとって非常に不利になる可能性があるが、今日まで、憲章の意味における禁止された形態の武力とは考えられていない。対象国に実際の又は潜在的な物理的影響 (impact) を与える武力 (armed force) は禁止されている。」

サイバー行動の規模や効果を評価する際には、定性的要因と定量的要因の両方を検討する必要がある。タリン・マニュアル 2.0 は、サイバー行動の結果がどれほど深刻で広範囲に及ぶか、行動が本質的に軍事的であるかどうか、国家によって実行されているかどうかなど、この点で役割を果たす可能性のある多くの要因に言及している。これらは拘束力のある法的基準ではない。これらは、サイバー行動が武力行使に当たる可能性を示す要因であり、(オランダ)政府はこのアプローチを支持している。

武力攻撃に該当すると言えるサイバー行動の標的となった国家は、固有の自衛権を行使し、自衛のために武力を行使することができる。この権利は、国連憲章第 51 条に規定されている。したがって、これは、国連憲章第 2 条 4 で通常禁止される武力行使を行う正当化に相当する。このため、自衛権の行使には厳しい条件が付されている。

武力攻撃は、国連憲章第 2 条 4 の意味における武力行使と同じではない。ニカラグア事件で、国際司法裁判所は、武力攻撃は武力行使の最も深刻な形態であると定義した。これは、すべての武力行使が武力攻撃を構成するわけではないことを意味する。

ある行動が武力攻撃を構成するかどうかを判断するには、その行動の規模及び効果を考慮する必要がある。国際法は、行動が武力攻撃に当たるために必要な正確な規模及び効果について曖昧である。しかし、武力攻撃が必ずしもキネティック手段によって実行されなければならないというわけではないことは明らかである。この見解は、国際司法裁判所の核兵器に関する勧告的意見に沿っている。同意見で、裁判所は、攻撃が実行される手段は、それが武力攻撃を構成するかどうかを決定する決定的な要因ではないと結論付けた。

したがって、(オランダ)政府は、「武力攻撃に匹敵する結果(死亡、損害、破壊)をもたらすサイバー攻撃は、サイバー兵器又は通常(conventional)兵器による対応を正当化できる」という CAVV 及び AIV の結論を支持する。したがって、結果が通常(conventional)兵器又は非通常(non conventional)兵器による攻撃の結果と同等である場合、コンピューター又は情報システムに対するサイバー攻撃を武力攻撃として認定しない理由はない。

　現時点では、サイバー攻撃が死亡、物理的損害、又は破壊を引き起こさないにもかかわらず、非常に深刻な非物質的(non material)結果をもたらす場合、サイバー攻撃を武力攻撃として認定することについての国際的なコンセンサスはない。

　(オランダ)政府は、武力攻撃は国境を越える性格を有するものでなければならないという国際司法裁判所の見解を支持する。武器が関与するすべての国境事件(border incident)が、国連憲章第51条の意味での武力攻撃に該当するわけではないことに留意する必要がある。これは、当該インシデントの規模及び効果によって異なる。

　武力攻撃に対する正当な自衛の立証責任は重い。政府は「攻撃の起源・策源地に関する十分な証拠なしに、また、特定の国家・諸国家・組織が攻撃を実施した又は管理したとの確実な証拠なしに、いかなる形の自衛権も行使することはできない。」との CAVV と AIV の結論を共有する。したがって、国家は、攻撃の起源及び実行に責任を有する者が誰であるかが十分に確実である場合にのみ自衛のための武力を行使できる。これは、国家主体と非国家主体の両方に適用される。

　自衛権を行使する場合、国家は必要性と均衡性の要件も満たさなければならない。この点で、(オランダ)政府は自衛権を行使することは、「意図が攻撃を終わらせることであり、措置がその目的を超えず、実行可能な代替手段がない場合にのみ正当化される。均衡性の要件は、エスカレーションのリスクを抱え、攻撃を終わらせたり近い将来の攻撃を防いだりするために厳に必要ではない措置を除外する。」との CAVV と AIV の見解を共有する。

⑧ノルウェー [11]

　サイバー行動は、その規模及び効果によっては、国連憲章第2条4の武力による威嚇又は武力の行使の禁止に違反する可能性がある。

　武力による威嚇や武力の行使の禁止に違反するサイバー行動は、その規模及び効果によっては、国際法上の武力攻撃に該当する可能性がある。武力攻撃は武力行使の最も重大な形態である。

　サイバー行動は、その規模及び効果が通常の手段による武力行使又は武力攻撃に匹敵する場合、武力行使又は武力攻撃を構成する可能性がある。これは、特定の状況を考慮した個別具体的な評価に基づいて決定する必要がある。結果の深刻さ（与えられた危害のレベル）、即時性、直接性、侵襲性、測定可能性、軍事的性格、国家の関与、標的の性質（重要インフラなど）、その範疇の行動が一般的に武力行使であると性格付けられてきたかなど、多くの要因が考慮される場合がある。このリストは網羅的ではない。

　人の死亡、負傷、物の物理的損害や破壊を引き起こすサイバー攻撃は、明らかに武力行使に相当する可能性がある。同様に、政府又は民間の電力網や電気通信インフラに対する暗号ウィルス又はその他の形態のデジタル妨害の使用、又は Covid-19 のワクチン備蓄の破壊につながるサイバー行動など、国家の機能に深刻な混乱を引き起こすサイバー行動は、国連憲章第2条4に違反する武力行使に相当する可能性がある。同様に、国家の金融及び銀行システムに対する暗号ウィルス又はその他の形態のデジタル妨害の使用、又は広範な経済効果と不安定化を引き起こすその他のサイバー行動は、第2条4に違反する武力行使に相当する可能性がある。

　さらに、国家の重要インフラ又は機能に深刻な損害を与える、又は無効にするサイバー行動は、国際法の下での武力攻撃に相当すると考えられる可能性がある。規模や効果によっては、航空機の墜落を引き起こすサイバー行動もこれに含まれる可能性がある。

　国際法上、武力攻撃を構成するサイバー行動の被害を受けた国家は国連憲

11　Ibid, pp69-70, pp73-74.

章第 51 条に基づいて個別的又は集団的自衛の固有の権利を行使することができる。

　第 51 条に反映されている自衛権は、<u>慣習国際法の規範である。それは、必要性と均衡性の要件に従って実行されなければならず、デジタル及び従来の手段の両方を含むことができる。</u>

⑨ブラジル [12]

　国連憲章は、特定の武器やその他の武力行使の手段に言及していないため、法的禁止はそれらすべてに適用される。サイバー行動は、それが国家に帰属するものであり、<u>その効果がキネティック攻撃の効果に類似している場合、違法な武力行使に相当する可能性がある。</u>これまでのところ、サイバー攻撃が行われたために武力行使を禁止する規則が侵害されたと主張した国はないと一般に理解されている。そのような先例がないことは、jus ad bellum に関連する評価において、サイバー活動（action）とキネティック活動を類似させる際に注意が必要になることを強調するだけである。

　侵略の定義に関する国連総会決議 3314（XXIX）は、侵略に該当する行為として次のような一連の行為を例示列挙している：軍隊による領土の侵略、軍事占領、砲撃、又は他国の領土に対する武器の使用、軍隊による港又は海岸の封鎖など。拘束力はないが、国連総会決議 3314（XXIX）は非常に権威があると考えられており、ICJ の判例法を導いてきた。その独自の特徴により、多くの場合、同総会決議に列挙された行為とサイバー行動の直接の類推を行うことは困難な結果となるかもしれない。したがって、サイバー攻撃の事例を含めるために、<u>どの行為が武力行使と侵略に相当するかについての多国間の理解を更新する</u>ことが望ましい。直接的な物理的効果のないデジタル攻撃の特徴付けなど、灰色の領域でコンセンサスを見つけるのは難しいかもしれないが、<u>より明確性と法的確実性を提供するために多国間で統合すべき一致点がある。</u>

12　Ibid, p19.

　国際関係における武力行使の最も重大な形態に含まれるのが武力攻撃であり、国連憲章の第 51 条に従って、自衛に訴える国家の権利を生じさせる。自衛は武力行使禁止の一般原則の例外であるため、限定的に解釈する必要がある。この見解は、国連の主要な司法機関である国際司法裁判所の判例に沿ったものである。

　結果として、自衛は、国家によって行われた、又は国家に帰属される武力攻撃によってのみ生じる。非国家主体が国家の実効的な管理の下で行動していない限り、非国家主体による行為への対応として自衛を発動することはできない。この規範は、帰属を決定するための技術的、法的、及び運用上の課題により、自衛権の潜在的な乱用を検証することが不可能になる可能性があるサイバー行動についてさらに関連性が高まる。それはさらに憲章の下で確立された集団システムを損なう低影響の執拗な一方的軍事行動のリスクを生じさせる。

　自衛権は一時的な解決策であるべきである。自衛権を行使する加盟国は国連憲章第 51 条に従って直ちに国連安保理に報告しなければならない。サイバー攻撃の新しさと不確実性にかんがみ、安保理への報告はますます重要である。ICJ が強調したように、「報告の欠如は問題の国が自衛権に基づいて行動していることを自ら確認していたか否かを示す重要な要素であり得る。」安保理に事案が報告された後は、自助の一時的な行為は国連憲章に沿って採択され実施される集団的行動に取って代わられることが期待される。

　ブラジルにとって、現実の又は急迫の武力攻撃があって初めて自衛権が存在する。国際法上、「予防的 (preventive) 自衛」は存在しない。その概念は国連憲章第 51 条にも慣習国際法にも根拠がない。最後に、伝統的な兵器による武力攻撃に対する対処と同様、デジタル手段によって引き起こされた武力攻撃に対する自衛権も必要とされ均衡性がとれていなければならない。

⑩シンガポール[13]

　最後に、いかなる国の領土保全又は政治的独立に対する武力による威嚇又は武力の行使を慎むすべての国家の義務。サイバー行動は深刻な結果と効果を引き起こす可能性がある。サイバー行動が武力行使に相当するかどうかを判断する際に考慮される要素には、サイバー行動の行われた一般的な状況、サイバー行動の起源、引き起こされた又は意図された効果、サイバー行動による侵入の程度、及び標的の性質があるがこれらに限られない。

　シンガポールの立場は、国連憲章に規定されているように、最終的には、これら（国家主権の尊重、不干渉義務、紛争の平和的解決の義務、武力行使の禁止）のいずれも国家の固有の自衛権を害するものではないことに注意する必要があるというものである。この自衛権は、サイバー領域にも適用される。言い換えれば、武力攻撃に相当する悪意のあるサイバー行動、又はその急迫している脅威が国家に対して発生した場合、国家は自衛の固有の権利を有する。

　国家に帰属できる悪意のあるサイバー活動であり、サイバーによらない伝統的な武力攻撃に匹敵する死亡、傷害、物理的損害又は破壊をもたらす、又は、その脅威が急迫しているような場合、武力攻撃に該当し得る。

　一定の限られた状況において、死亡、傷害、物理的損害又は破壊がもたらされない悪意のあるサイバー活動も、その規模及び効果を考慮して武力攻撃に該当し得る。シンガポールの重要インフラの継続的かつ長期の途絶（outage）を伴う対象を特定したサイバー行動が一例であろう。

　個別のサイバー攻撃が武力攻撃に該当しなくても、同一主体又は協調した別の主体により行われた一連のサイバー攻撃は、キネティック攻撃と組み合わさって行われたか否かにかかわらず武力攻撃に該当し得る。

⑪スイス[14]

武力行使の禁止と自衛権はサイバー空間にも適用される。自衛権は、武力

13　Ibid, p84.
14　Ibid, p88.

144

攻撃が最初に発生した場合にのみ行使することができる。ICJ の判例法によれば、武力行使の禁止に対するすべての違反が武力攻撃を構成するわけではなく、その最も重大な形態のみが武力攻撃を構成する。武力攻撃に該当するためには、攻撃の規模及び効果が特定の重大性の閾値に達する必要がある。ICJ はまた、攻撃の手段は決定的な要因ではないため、武力攻撃は必ずしもキネティック軍事行動や武器の使用を伴う必要はないと判断している。国家は、サイバー・インシデントの規模及び効果が、人に死亡又は重傷を負わせたり、物体に重大な物的損害を与えたりするという点で、キネティック行動の規模及び効果に相当する場合、当該サイバー・インシデントに対応して自衛権を行使することが認められている。武力攻撃の規模及び効果がいつ閾値に達したかについて、拘束力のある定量的又は定性的なガイドラインはない。サイバー空間での武力攻撃を定義する方法に関する現在の議論は、規模及び効果の点で必要な閾値に達している（すなわち人への深刻な傷害又は物への広範な損害をもたらす）重要インフラ（原子力発電所、送電網など）への攻撃に焦点を当てている。

　武力行使の禁止と、武力攻撃に直面した場合に自衛権を行使する権利の解釈は国連憲章の目的に導かれなければならない。憲章の目的は国際の平和及び完全を維持し、必要な場合には回復することである。その結果、武力攻撃が発生しても、攻撃を排除するために必要で均衡の取れた対抗措置をとることのみが認められている。自衛権は国連安保理が国際の平和及び安全を維持するために必要な措置をとっていない場合にのみ適用される（憲章 51 条）。自衛のためにとられた活動がこの枠組みを超えれば、その国家自体が武力行使の禁止に反していることになる。武力攻撃の閾値に達していない場合、国家は、即時の均衡のとれた非暴力的な対抗措置を用いることができる。

資料 4

第 4 次国連サイバー GGE 報告書 (2015 年) 抜粋 (仮訳)

III 国家による責任ある行動のための規範、規則及び原則

9. ICT 環境は、国家の ICT 関連活動にいかに規範、規則及び原則が適用し得るかを決定する際に国際社会に機会と課題の双方を与える。目標の一つは、国家による責任ある行動のためのさらなる任意で拘束力のない規範を特定し、そのグローバルな ICT 環境における安定及び安全を強めるために共通理解を深めることである。

10. 国家による責任ある行動の任意で拘束力のない規範は国際平和、安全及び安定へのリスクを軽減する。それゆえ、「行動規範」は、それがなければ国際法に合する行動を制限又は禁止しようとはしていない。「行動規範」は、国際社会の期待を反映し、国家による責任ある行動の基準を設定し、国際社会が国家の活動及び意図を評価できるようにする。「行動規範」は、グローバルな社会・経済の発展を高めるための ICT の完全な実現を可能にするため、ICT 環境における紛争の予防に寄与し、その平和的利用に貢献することができる。

11. 専門家グループのこれまでの報告書は、既存の国際規範及びコミットメントから派生する ICT のセキュリティと利用に係る国家による責任ある行動に関する新たなコンセンサスを反映した。本グループに課された任務は、共通理解を促進することを目的とし、国家による責任ある行動の規範を検討し、既存の規範を ICT 環境に適用できるかを決定し、「行動規範」のさらなる受容を慫慂し、ICT の複雑さと固有の特性を考慮した新たな「行動規範」を策定する必要があるかどうかを確認し続けることである。

12. 本グループは、中国、カザフスタン、キルギス、ロシア、タジキスタン及びウズベキスタンが提案する情報セキュリティのための国際行動規範（A/69/723 参照。）に留意した。

13. 既存の及び新たな脅威、リスク及び脆弱性を考慮に入れ、過去のグルー

プの 2010 年及び 2013 年の報告書に基づき、本グループは、国家が以下の開放的で安全な安定したアクセス可能かつ平和的な ICT 環境の促進を目的とする国家による責任ある行動に関する任意で拘束力のない規範、規則又は原則を検討するよう提言する。

　(a) 国家は、国際の平和及び安全の維持を含む国際連合の目的に合致するよう、ICT の利用に関する安定及び安全を高め、有害と認められる又は国際の平和及び安全を脅かし得る ICT の慣行を防止するための措置の構築及び適用に際し協力すべきである。

　(b) ICT インシデントの際には、国家は、当該事象のより大きな文脈、ICT 環境における帰属の課題、結果の性質及び範囲等を含む関連するすべての情報を考慮すべきである。

　(c) 国家は、その領域が ICT を用いた国際違法行為にそれと知りつつ使わせるべきではない。

　(d) 国家は、情報交換、相互支援、テロ及び犯罪を目的とする ICT の利用の訴追のためにどのように最も良く協力できるかを検討し、当該脅威に対処するためのその他の協力措置を実施すべきである。国家は、この点について新たな措置を構築する必要があるかを検討する必要があるかもしれない。

　(e) 国家は、ICT の安全な利用を確保する際、表現の自由に関する権利を含む人権の十分な尊重を保障するため、インターネット上の人権の促進、保護及び享受に関する人権理事会決議 20/8 及び 26/13 の他、デジタル時代におけるプライバシーの権利に関する総会決議 68/167 及び 69/166 を尊重すべきである。

　(f) 国家は、故意に重要インフラに損害を与え又は国民にサービスを提供する重要インフラの使用及び運用を害するような国際法上の義務に反する ICT 活動を実施又はそれと知りつつ支援すべきではない。

　(g) 国家は、サイバーセキュリティのグローバルな文化の創造及び重要情報インフラ防護に関する総会決議 58/199 及びその他の関連決議を考慮し、その重要インフラを ICT の脅威から保護するために適切な措置を講じるべきである。

(h) 国家は、重要インフラが ICT 行為を用いた悪意のある行為を受けている他の国家からの適切な支援要請に対応すべきである。国家は、主権に十分配慮し、その領域から発せられる他国の重要インフラを対象とする ICT を用いた悪意のある活動の緩和のための適切な要請にも対応すべきである。

(i) 国家は、エンドユーザーが ICT 製品のセキュリティを信頼できるように、サプライチェーンの完全性を確保するための合理的な措置を講じるべきである。国家は、悪意のある ICT ツール及び技法並びに有害な隠し機能の利用の予防に努めるべきである。

(j) 国家は、ICT 及び ICT 依存インフラに対する潜在的脅威を制限し、可能であれば除去するために ICT の脆弱性の責任ある報告を促し、当該脆弱性に対して取り得る救済手段に関する関連情報を共有すべきである。

(k) 国家は、他国の公認の緊急対応チーム（コンピューター緊急対応チーム又はサイバーセキュリティ・インシデント対応チームとも呼ばれる。）の情報システムを害する活動を実施又はそれと知りつつ支援すべきではない。国家は、悪意のある国際的な活動に従事させるために公認の緊急対応チームを利用すべきではない。

14. 本グループは、以上のような措置は開放的で安全で安定していてアクセス可能で平和な ICT 環境を促進するために不可欠かもしれないが、特に開発途上国にあっては、十分な能力を得るまでは、すぐに実施することはできない可能性があることを確認した。

15. ICT 固有の特性に鑑み、時間の経過とともに追加的な「行動規範」が策定され得る。

VI　ICT の利用に国際法がどのように適用されるか

24. 2013 年報告書は、国際法、特に国連憲章は、適用され、平和及び安定を維持し、開放的で安全で安定していてアクセス可能で平和な ICT 環境を促進するために不可欠であると表明した。そのマンデートに従い、本グループは、国家による ICT の利用に国際法がどのように適用されるかを検討した。

25. 国家による国際法特に国連憲章上の義務の遵守は、その ICT の利用に関

する行動及び開放的で安全で安定していてアクセス可能で平和的な ICT 環境を促進するための不可欠な枠組みである。これらの義務は国家による ICT の利用への国際法の適用の検討の中心をなす。

26. 国家による ICT の利用に対する国際法の適用の検討に際し、本グループは、国連憲章及びその他の国際法の次の原則に対する国家のコミットメントが特に重要であることを確認した。主権平等。国際の平和及び安全並びに正義を危うくしない方法での平和的手段による国際紛争の解決。国際関係において武力による威嚇又は武力の行使をいかなる国の領土保全又は政治的独立に対するものも、また、国際連合の目的と両立しない他のいかなる方法によるものも慎まなければならないこと。人権及び基本的自由の尊重。他の国家の国内問題への不干渉。

27. 国家主権及び主権から派生する国際規範及び原則は、国家による ICT 関連活動及びその領域内の ICT インフラに対する管轄権に適用される。

28. これまでのグループの作業に基づき、また、国連憲章及び総会決議 68/243 の任務に導かれ、本グループは、国家による ICT の利用に国際法がどのように適用されるかについて、次の非網羅的な見解を示す。

　(a) 国家は、その領域内にある ICT インフラに対し管轄権を有する。

　(b) ICT の利用に際し、国家は、他の国際法の諸原則の中でも特に、国家主権、主権平等、平和的手段による紛争の解決及び他国の国内問題への不干渉を遵守しなければならない。国際法上の既存の義務は、国家の ICT の利用に適用される。国家は、人権及び基本的自由の尊重及び保護に関する国際法上の義務を遵守しなければならない。

　(c) 人類共通の利益のために ICT を平和的に利用することへの国際社会の希求を強調し、国連憲章が全体として適用されることを想起し、本グループは、国際法に合致し国連憲章で認められている措置をとる国家固有の権利に留意した。本グループは、本件に関するさらなる研究の必要性を認めた。

　(d) 本グループは、適用可能な場合の、人道、必要性、均衡性及び区別の諸原則を含む確立された国際法の原則に留意する。

　(e) 国家は、ICT を利用した国際違法行為を行うために代理を利用しては

ならず、また、そのような行為を行うために非国家主体がその領域を使用しないよう確保することに努めるべきである。

　(f) 国家は、国際法上自国に帰属する国際違法行為に関する国際義務を果たさなければならない。ただし、ある国家の領土又は ICT インフラから ICT 活動が開始された、又は、そこから他の方法によりもたらされているという現れは、それ自体では当該活動をその国家に帰属させるには不十分であり得る。本グループは、国家に対して提起される違法行為を組織し実施したという非難には裏付けがあるべきであることに留意した。

29. 本グループは、国家の ICT の利用に国際法がどのように適用されるかに関する共通理解は、開放的で安全で安定していてアクセス可能で平和的な ICT 環境を促進するために重要であることに留意した。

資料 5

第 3 次国連サイバー GGE 報告書 (2013 年) 抜粋 (仮訳)

III　国家による責任ある行動に関する規範、規則、原則についての提言

16. 国家による ICT の利用に関連する既存の国際法から派生した規範の適用は、国際の平和及び安全並びに安定に対するリスクを軽減するための不可欠な手段である。

そのような規範がどのように国家の行動及び国家による ICT の利用に適用されるべきかについての共通の理解はさらなる検討が必要である。ICT の独自の属性に鑑み、時間の経過とともに追加の規範が形成される可能性がある。

17. 本グループは、決議 64 / 25、65 / 41、66 / 24 に含まれる総会からの招請に応えて提供された国際安全保障の文脈における情報通信の分野における発展に関する加盟国の見解と評価に加え、決議 55 / 63、56 / 121、57 / 239、58 / 199 及び 64/211 に含まれるその他の措置を検討した。

18. 本グループは、中国、ロシア連邦、タジキスタン及びウズベキスタンの常駐代表の要請に基づき事務総長によって回覧され、後にカザフスタンとキルギスタンも共同提案国に加わった情報セキュリティのための行動規範案を含む文書 A / 66/359 に留意した。

19. 国際法、特に国連憲章は、適用され、平和及び安定を維持し、開放的で安全でアクセス可能で平和な ICT 環境を促進するために不可欠である。

20. 国家主権と、主権から派生する国際的な規範と原則は国家による ICT 関連活動の実施と自国領域内の ICT インフラに対する管轄に適用される。

21. ICT のセキュリティに対応するための国家の取り組みは、世界人権宣言及びその他の国際文書に定められた人権及び基本的自由の尊重とともに進めなければならない。

22. 国家は、ICT の犯罪のための又はテロリストによる利用に対する協力を強化し、必要に応じて法的アプローチを調和させ、それぞれの法執行機関と検察機関の間の実践的な協働を強化すべきである。

23. 国家は、自国に帰属する国際違法行為に対する国際的な義務を果たさなければならない。国家は、国際違法行為を行うために代理を用いてはならない。国家は、自国領域がICTの違法な利用のために非国家主体によって利用されないことを確保するために努力すべきである。

24. 国家は、民間部門と市民社会がICT製品とサービスのサプライチェーン・セキュリティを含むICTのセキュリティと利用を改善するための適切な役割を果たすよう奨励すべきである。

25. 加盟国は、上述の責任ある行動の規範と原則を実施する上での最善の協力方法（民間や市民社会の組織が果たすことのできる役割を含む）を検討すべきである。これらの規範と原則は国連や地域グループの活動を補完し、信頼と信用を築くためのさらなる作業の基盤である。

参考文献

和文

赤堀毅「国益最大化のための経済安全保障」『外交』Vol.66、2021 年、88 頁

赤堀毅「サイバーセキュリティと国際法」『国際法外交雑誌』第 120 巻第 4 号、2022 年、25 頁

浅田正彦編著『国際法（第 5 版）』東信堂、2022 年

浅田正彦編集代表『ベーシック条約集』東信堂、2022 年

岩沢雄司『国際法』東京大学出版会、2020 年

外務省「サイバー行動に適用される国際法に関する日本政府の基本的な立場」、2021 年 5 月 28 日

外務省「第 2 回日本・ウクライナ・サイバー協議（報道資料）」、2019 年 1 月 23 日 at https://www.mofa.go.jp/mofaj/erp/c_see/ua/page25_002085.html

外務省「中国政府を背景に持つ APT40 といわれるサイバー攻撃グループによるサイバー攻撃等について（外務報道官談話）」、2021 年 7 月 19 日 at https://www.mofa.go.jp/mofaj/press/danwa/page6_000583.html

外務省「悪意のあるプログラム「ワナクライ」を用いたサイバー攻撃について（外務報道官談話）」、2017 年 12 月 20 日

外務省「中国を拠点とする APT10 といわれるグループによるサイバー攻撃について（外務報道官談話）」、2018 年 12 月 21 日

国際法学会編『国際関係法辞典第 2 版』三省堂、2005 年

国家公安委員会 国家公安委員会委員長記者会見要旨（令和 3 年 4 月 22 日）at https://www.npsc.go.jp/pressconf_2021/04_22.htm

小松一郎『実践国際法（第 2 版）』信山社、2015 年

参議院第 156 回国会参議院決算委員会会議録第 6 号（2003 年 5 月 7 日）16-17 頁

参議院第 180 回国会参議院予算委員会第 21 号平成 24 年 6 月 13 日、33 頁

衆議院第 204 回国会衆議院内閣委員会第 22 号令和 3 年 4 月 28 日、19 頁

衆議院第 208 回国会衆議院外務委員会第 9 号令和 4 年 4 月 13 日、11 頁

首相官邸内閣官房長官記者会見（令和 3 年 4 月 21 日（水）午前）　at https://www.kan-tei.go.jp/jp/tyoukanpress/202104/21_a.html

内閣奥野総一郎衆議院議員の質問主意書に対する答弁書（令和 4 年 6 月 14 日）

内閣長妻昭衆議院議員の質問主意書に対する答弁書（平成 27 年 7 月 17 日）

内閣平岡秀夫衆議院議員の質問主意書に対する答弁書（平成 19 年 10 月 23 日）

内閣「国の存立を全うし、国民を守るための切れ目のない安全保障法制の整備について（平成 26 年 7 月 1 日国家安全保障会議決定、閣議決定）」

内閣「サイバーセキュリティ戦略 (平成 30 年 7 月 27 日閣議決定)」

内閣「サイバーセキュリティ戦略 (令和 3 年 9 月 28 日閣議決定)」

内閣「高度情報通信ネットワーク社会推進戦略本部情報セキュリティ政策会議第 29 回会合議事要旨」2012 年、5 頁 at https://www.nisc.go.jp/conference/seisaku/dai29/pdf/29gijiyoushi.pdf

中谷和弘・河野桂子・黒﨑将広『サイバー攻撃の国際法ータリン・マニュアル 2.0 の解説ー』信山社、2018 年

御巫智洋「インターネットの利用に関する国際的なルールにおいて領域主権が果たす機能」『国際法外交雑誌』第 121 巻第 1 号、2022 年、1 頁

持永大、村野正泰、土屋大洋『サイバー空間を支配する者ー21 世紀の国家、組織、個人の戦略ー』日本経済新聞出版社、2018 年

薬師寺公夫、坂元茂樹、浅田正彦、酒井啓亘編集『判例国際法 (第 3 版)』東信堂、2019 年

横浜信一『経営とサイバーセキュリティ　デジタルレジリエンシー』日経 BP 社、2018 年

欧文

Dapo Akande, Antonio Coco and Talita Dias, "Old Habits Die Hard: Applying Existing International Law in Cyberspace and Beyond" EJIL Talk! (January 5, 2021) at https://www.ejiltalk.org/old-habits-die-hard-applying-existing-international-law-in-cyberspace-and-beyond/

Center for Strategic and International Studies (CSIS), "Significant Cyber Incidents Since 2006", December 2022

Center for Strategic and International Studies (CSIS), "A Guide to the U.N. GGE", Inside Cyber Diplomacy Podcast, 2021 at https://www.csis.org/node/61229

Center for Strategic and International Studies (CSIS), "Cyber Rule Making and Implementation", Inside Cyber Diplomacy Podcast, 2021 at https://www.csis.org/node/62209.

Cybersecurity and Infrastructure Security Agency (CISA), "Alert (AA22-057A) Update: Destructive Malware Targeting Organizations in Ukraine" at https://www.cisa.gov/uscert/ncas/alerts/aa22-057a

Department of State, "Update on the International Counter-Ransomware Initiative (FPC BRIEFING) by Anne Neuberger　Deputy Assistant to the President and Deputy National Security Advisor for Cyber and Emerging Technology", October 15, 2021 at https://www.state.gov/briefings-foreign-press-centers/update-on-the-international-counter-ransomware-initiative

Department of State, Digest of United States Practice in International Law (2012), pp.593-600.

Talita Dias & Antonio Coco,Cyber due diligence in international law, University of Oxford, 2021

Embassy of Ukraine in Japan, "Delegation of Ukraine participated in the second round of Ukrainian-Japanese cyber consultations" at https://japan.mfa.gov.ua/en/news/delegaciya-ukrayini-vzyala-uchast-u-drugomu-raundi-ukrayinsko-yaponskih-kiberkonsultacij

Federal Bureau of Investigation, "Statement on Network Disruption at Colonial Pipeline" (May 9, 2021) at https://www.fbi.gov/news/press-releases/press-releases/fbi-statement-on-network-disruption-at-colonial-pipeline

Federal Bureau of Investigation, "Statement on Compromise of Colonial Pipeline Networks" (May 10, 2021) at https://www.fbi.gov/news/pressrel/press-releases/fbi-statement-on-compromise-of-colonial-pipeline-networks

International Committee of the Red Cross, "ICRC Comments on the First Draft of the OEWG Report", March 3, 2019 at https://front.un-arm.org/wp-content/uploads/2021/03/ICRC-Comments-on-the-First-Draft-of-the-OEWG-Report.pdf

International Court of Justice, "APPLICATION INSTITUTING PROCEEDINGS filed in the Registry of the Court on 26 February 2022 ALLEGATIONS OF GENOCIDE UNDER THE CONVENTION ON THE PREVENTION AND PUNISHMENT OF THE CRIME OF GENOCIDE (UKRAINE v. RUSSIAN FEDERATION)"

International Law Commission, "Draft Articles on Responsibility of States for Internationally Wrongful Acts", 2001

Just Security "DECLARATION BY MIGUEL RODRÍGUEZ, REPRESENTATIVE OF CUBA, AT THE FINAL SESSION OF GROUP OF GOVERNMENTAL EXPERTS ON DEVELOPMENTS IN THE FIELD OF INFORMATION AND TELECOMMUNICATIONS IN THE CONTEXT OF INTERNATIONAL SECURITY", June 23, 2017.

Michael N. Schmitt, editor, Tallinn Manual 2.0 on the International Law Applicable to Cyber Operations, Cambridge University Press, 2017

Michael N. Schmitt and Liis Vihul, "Respect for Sovereignty in Cyberspace", Texas Law Review Vol. 95 (year 2016-2017), pp. 1641-1671.

Microsoft, "Destructive malware targeting Ukrainian organizations" at https://www.microsoft.com/security/blog/2022/01/15/destructive-malware-targeting-ukrainian-organizations/

Microsoft, "Defending Ukraine: Early Lessons from the Cyber War" at https://blogs.microsoft.com/on-the-issues/2022/06/22/defending-ukraine-early-lessons-from-the-cyber-war/

Ministère des Armées (France), «Droit International Appliqué aux Opérations dans le Cyberespace», 2019

The Ministry of Foreign Affairs of the Russian Federation, "Convention on International Information Security (Concept)", September 22, 2011 at https://www.mid.ru/en/foreign_ policy/official_documents/-/asset_publisher/CptICkB6BZ29/content/id/191666

Permanent Mission of Japan to the United Nations, "Statement by Mr. AKAHORI Takeshi, Ambassador for United Nations Affairs and Cyber Policy of the Ministry of Foreign Affairs of Japan on the occasion of the third substantive session of the OEWG on ICTs", March 9, 2021 at https://www.un.emb-japan.go.jp/itpr_en/akahori030921.html

Permanent Mission of Japan to the United Nations, "Statement by Mr. AKAHORI Takeshi at the Arria-Formula Meeting on Cyber Stability, Conflict Prevention and Capacity Building", May 22, 2020 at https://www.un.emb-japan.go.jp/itpr_en/akahori052220.html

Permanent Mission of Japan to the United Nations, "Statement by Mr. AKAHORI Takeshi, Ambassador for United Nations Affairs and Cyber Policy of the Ministry of Foreign Affairs of Japan, on the adoption of the report by the Sixth GGE on Advancing responsible State behavior in cyberspace in the context of international security (Delivered in a closed online meeting of the GGE)", May 28, 2021 at https://www.un.emb-japan.go.jp/itpr_ en/akahori052821.html

Permanent Mission of Japan to the United Nations, "Statement by Mr. AKAHORI Takeshi, Ambassador for United Nations Affairs and Cyber Policy of the Ministry of Foreign Affairs of Japan, at the United Nations Security Council Open Debate on Cyber Security", June 29, 2021 at https://www.un.emb-japan.go.jp/itpr_en/akahori062921.html

Permanent Mission of Japan to the United Nations, "Statement by Mr. AKAHORI Takeshi, Ambassador for Cyber Policy of the Ministry of Foreign Affairs of Japan, at the third substantive session of the OEWG on ICTs (Explanation of Position before adoption)", March 12, 2021 at https://www.un.emb-japan.go.jp/itpr_en/akahori031221.html

UN, Department of Political and Peacebuilding Affairs, "Di Carlo: We must do everything in our power to ensure that peace prevails in Ukraine", February 23, 2021 at https://dppa. un.org/en/dicarlo-we-must-do-everything-our-power-to-ensure-peace-prevails-ukraine

UN, Office for Disarmament Affairs, "China's Submissions to the Open-ended Working Group on Developments in the Field of Information and Telecommunications in the Context of International Security", 2020 at https://front.un-arm.org/wp-content/up-loads/2019/09/china-submissions-oewg-en.pdf

UN, Office for Disarmament Affairs, "China's Contribution to the Initial Pre-Draft of OEWG Report", 2021 at https://front.un-arm.org/wp-content/uploads/2020/04/china-contri-bution-to-OEWG-pre-draft-report-final.pdf

UN, Office for Disarmament Affairs, "Substantive Report [First Draft] of the 'Open-ended working group on developments in the field of information and telecommunications in the context of international security' (OEWG) Comments by the International Committee of the Red Cross (ICRC)", 3 March 2021 at https://front.un-arm.org/wp-content/ uploads/2021/03/ICRC-Comments-on-the-First-Draft-of-the-OEWG-Report.pdf

UN, General Assembly, "Countering the use of information and communications technologies for criminal purposes" (A/RES/74/247), 2020

UN, General Assembly, "Countering the use of information and communications technologies for criminal purposes. Report of the Secretary-General" (A/74/130), 2019

UN, General Assembly, "Definition of Aggression" (A/RES/3314 (XXIX))

UN, General Assembly, "Developments in the field of information and telecommunications in the context of international security" (A/RES/75/240), 2021

UN, General Assembly, "Developments in the field of information and telecommunications in the context of international security, and advancing responsible State behaviour in the use of information and communications technologies" (A/RES/76/19), 2021

UN, General Assembly, "Letter dated 9 January 2015 from the Permanent Representatives of China, Kazakhstan, Kyrgyzstan, the Russian Federation, Tajikistan and Uzbekistan to the United Nations addressed to the Secretary-General" (A/69/723), 2015

UN, General Assembly, "Official compendium of voluntary national contributions on the subject of how international law applies to the use of information and communications technologies by States submitted by participating governmental experts in the Group of Governmental Experts on Advancing Responsible State Behaviour in Cyberspace in the Context of International Security established pursuant to General Assembly resolution 73/266" (A/76/136), 2021

UN, General Assembly, "Official Records, 71st Session: Sixth Committee, Summary record of the 9th meeting" (A/C.6/71/SR.9), 2016

UN, General Assembly, "Official Records, 73rd Session: 1st Committee, 31st Meeting" (A/C.1/73/PV.31), 2018

UN, General Assembly, "Official Records, 74th session: 52nd plenary meeting, Thursday, 19 December 2019" (A/74/PV.52)

UN, General Assembly, "Report of the Group of Governmental Experts on Developments in the Field of Information and Telecommunications in the Context of International Security" (A/68/98), 2013

UN, General Assembly, "Report of the Group of Governmental Experts on Developments in the Field of Information and Telecommunications in the Context of International Security" (A/70/174), 2015

UN, General Assembly, "Report of the Group of Governmental Experts on Advancing Responsible State Behaviour in Cyberspace in the Context of International Security" (A/76/135), 2021

UN, General Assembly, "Report of the Open-ended Working Group on Developments in the

Field of Information and Telecommunications in the Context of International Security"
(A/75/816), 2021

UN, General Assembly, Open-ended working group on developments in the field of information and telecommunications in the context of international security, "Compendium of statements in explanation of position on the final report" (A/AC.290/2021/INF/2, A/AC.290/2021/INF/2/ADD.1, A/AC.290/2021/INF/2/Add.2), 2021

UN, General Assembly, "Programme of action to advance responsible State behaviour in the use of information and communications technologies in the context of international security" (A/RES/77/37), 2022

UN, Security Council, Provisional Verbatim 8144th meeting (S/PV.8144), 2017

UN, Security Council, Provisional Verbatim 8974th meeting (S/PV.8974), 2022

The White House, "Remarks by President Biden in Press Conference (June 16, 2021)" at https://www.whitehouse.gov/briefing-room/speeches-remarks/2021/06/16/remarks-by-president-biden-in-press-conference-4/

事項索引

著 者

赤堀 毅（あかほり たけし）

外務省地球規模課題審議官（大使）。東京大学法学部第二類卒業（法学士）。フランス国立行政学院（ENA）卒業（国際行政修士）。フランス東洋言語文化学院国際関係博士前期コース（DHEI）履修。

1989 年に外務省入省。在フランス日本国大使館、総合外交政策局国連政策課、条約局法規課首席事務官、北米局北米第一課首席事務官、在アメリカ合衆国日本国大使館参事官、アジア大洋州局日韓経済室長兼朝鮮半島政策調整官（六者会合、KEDO 等）、広報文化交流部文化交流課長、外務大臣秘書官、国際法局条約課長（日米ガイドライン改訂、平和安保法制等）、九州大学講師、国際大学講師、国際法学会雑誌編集委員、宮内庁御用掛（フランス語通訳）、国際連合日本政府代表部政務公使（安保理業務等）、G20 サミット事務局長（大使）、総合外交政策局参事官兼国際安全保障・サイバー政策担当大使、総合外交政策局審議官兼国連・サイバー政策担当大使、国際協力局審議官（地球規模課題担当）兼気候変動交渉担当大使などを経て 2022 年 1 月から現職。2019 年から 2021 年まで第 6 次サイバーセキュリティに関する国連政府専門家グループ（GGE）委員。2022 年から Gavi ワクチンアライアンス理事。

主要著作・メディア出演

「国益最大化のための経済安全保障」『外交』第 66 号（2021 年 4 月）、「サイバーセキュリティと国際法－第 6 次国連政府専門家グループ報告書の成果を中心に－」『国際法外交雑誌』第 120 巻第 3 号（2021 年 11 月）、「攻めの気候変動外交」『月刊経団連』2022 年 8 月号、「プラスチック汚染対策－条約化めざす日本の取組－」『外交』第 76 号（2022 年 12 月）など。"Cyber Rule Making and Implementation", Inside Cyber Diplomacy（Center for Strategic and International Studies Podcast, 2021）などに出演。

サイバーセキュリティと国際法の基本——国連における議論を中心に——

2023 年 9 月 20 日 　 初 版第 1 刷発行 　 〔検印省略〕

定価はカバーに表示してあります。

著者ⓒ赤堀毅／発行者 　 下田勝司 　 　 印刷・製本／中央精版印刷株式会社

東京都文京区向丘 1-20-6 　 郵便振替 00110-6-37828

〒 113-0023 　 TEL（03）3818-5521 　 FAX（03）3818-5514
発 行 所
株式
会社 東 信 堂
Published by TOSHINDO PUBLISHING CO., LTD.
1-20-6, Mukougaoka, Bunkyo-ku, Tokyo, 113-0023, Japan
E-mail : tk203444@fsinet.or.jp 　 http://www.toshindo-pub.com

ウクライナ戦争をめぐる国際法と国際政治経済

浅田正彦・玉田大 編著

A5・並製・264 頁・税込 2860 円（本体 2600 円）ISBN 978-4-7989-1822-8 C3031

戦争終結のため国際法は何ができるか。

2022 年 2 月 24 日に始まったロシアによるウクライナ侵攻から約 1 年。核を保有する常任理事国ロシアの侵略行為は、国連と安保理を機能停止させ、これまで培ってきた平和と国際秩序を公然と蹂躙し続けている。未だに多くの犠牲者を出し続ける未曾有の事態に、国際法は何ができるのか。ウクライナ戦争終結の有効な手段である経済制裁の強化、欧米が足並を揃え始めた武器供与の拡大とその効果、そして平和を取り戻す課題など、国際法各領域の気鋭の研究者による最新の分析と解説！

※本書籍は、全国の書店にてお買い求めいただけます。

東信堂　国際法関連書籍　新刊

ウクライナ戦争の教訓と日本の安全保障
神余隆博・松村五郎著
四六・並製・304頁・1980円

ウクライナで起きている事態を外交と軍事の両面から徹底分析、日本の安全保障への教訓を考える待望の書！

国際法［第5版］
浅田正彦編著
A5・並製・608頁・3300円

スタンダードで信頼のおける最新の議論も包括した、国際法テキスト。

在外邦人の保護・救出
武田康裕編著
A5・上製・336頁・4620円

綿密なシミュレーションを行い、有事前の迅速かつ安全な邦人退避活動を模索・提案する力作。

国連安保理改革を考える
竹内俊隆・神余隆博著
A5・上製・360頁・3850円

研究者をはじめ、元国連大使や国連職員等、実務経験を多く執筆陣に迎え、安保理改革の実態を明らかにし、実現可能な改革を探る労作。

——国際法・外交ブックレット——
浅田正彦・中谷和弘監修

為替操作、政府系ファンド、途上国債務と国際法
中谷和弘著
A5・96頁・1100円

為替操作や途上国責務等、国際金融を国際法の観点から検討する。

イランの核問題と国際法
浅田正彦著
A5・120頁・1100円

イランの核問題をめぐる歴史的展開と複雑な国際法制度を解明する。

もう一つの国際仲裁
中谷和弘著
A5・144頁・1100円

国家間だけでない「非典型」な事例から幅広く対応する国際仲裁の有用性を検討する。

化学兵器の使用と国際法
浅田正彦著
A5・136頁・1100円

化学兵器使用と国際法による規制の歴史的展開、その制度内容を詳細に解説する。

国際刑事裁判所
尾﨑久仁子著
A5・104頁・1100円

戦争犯罪の処罰をめぐって注目される国際刑事裁判所（ICC）の役割と課題を分析する。

東信堂

国際法・外交ブックレット

※定価：表示価格（本体）＋税　　〒113-0023　東京都文京区向丘 1-20-6　TEL 03-3818-5521　FAX03-3818-5514
Email tk203444@fsinet.or.jp　URL:http://www.toshindo-pub.com/

東信堂

国際取引法[上巻]	井原宏	四五〇〇円
国際取引法[下巻]	井原宏	四五〇〇円
国際技術ライセンス契約 ―そのリスクとリーガルプランニング	井原宏	三三〇〇円
国際ジョイントベンチャー契約 ―国際ジョイントベンチャーのリスクとリーガルプランニング	井原宏	五八〇〇円
グローバル企業法	井原宏	三八〇〇円
判例ウィーン売買条約	河村寛治・井原宏編著	四二〇〇円
グローバル化と法の諸課題 ―グローバル法学のすすめ	中谷和弘・髙山佳奈子・阿部克則編著	一二〇〇円
国連の金融制裁 ―法と実務	吉村祥子編著	三二〇〇円
国連安保理改革を考える ―正統性、実効性、代表性からの新たな視座	神余隆博・竹内俊隆編著	三五〇〇円
新版 国際商取引法	高桑昭	三三〇〇円
国際民事訴訟法・国際私法論集	高桑昭	四六〇〇円
講義 国際経済法	柳赫秀編著	三二〇〇円
グローバル保健ガバナンス	城山英明編著	四二〇〇円
国際刑事裁判所[第二版]	洪恵子・村瀬信也編	六五〇〇円
武力紛争の国際法	真山全也編	三六〇〇円
国連安保理の機能変化	村瀬信也編	二八〇〇円
海洋境界確定の国際法	江藤淳一編	二七〇〇円
自衛権の現代的展開	村瀬信也編	二八〇〇円
国連安全保障理事会 ―その限界と可能性	松浦博司	三三〇〇円
集団安全保障の本質	柘山堯司編	四六〇〇円
憲法と自衛隊 ―法の支配と平和的生存権	幡新大実	二八〇〇円
イギリス憲法Ⅰ 憲政	幡新大実	四二〇〇円
イギリス債権法	幡新大実	三八〇〇円
人道研究ジャーナル5～12号[続刊]	日本赤十字国際人道研究センター編	12号 各二〇〇〇円
戦争と国際人道法 ―赤十字のあゆみとその歴史	井上忠男	二四〇〇円
第二版 世界と日本の赤十字 ―世界最大の人道支援機関の活動	森居正尚	二五〇〇円

※定価：表示価格（本体）＋税　　〒113-0023　東京都文京区向丘1-20-6　TEL 03-3818-5521　FAX 03-3818-5514
Email tk203444@fsinet.or.jp　URL:http://www.toshindo-pub.com/

東信堂

ウクライナ戦争の教訓と日本の安全保障	神余隆博・松村五郎 著	一八〇〇円
「ソ連社会主義」からロシア資本主義へ ―ロシア社会と経済の一〇〇年	岡田進	三六〇〇円
パンデミック対応の国際比較	川上高司・石井貫太郎 編著	二〇〇〇円
リーダーシップの政治学	石井貫太郎	一六〇〇円
2008年アメリカ大統領選挙 ―オバマの当選は何を意味するのか	吉野孝・前嶋和弘 編著	二〇〇〇円
オバマ政権はアメリカをどのように変えたのか ―支持連合・政策成果・中間選挙	吉野孝・前嶋和弘 編著	二六〇〇円
オバマ政権と過渡期のアメリカ社会 ―選挙、政党、制度、メディア、対外援助	吉野孝・前嶋和弘 編著	二四〇〇円
オバマ後のアメリカ政治 ―二〇一二年大統領選挙と分断された政治の行方	吉野孝・前嶋和弘 編著	二五〇〇円
危機のアメリカ「選挙デモクラシー」 ―社会経済変化からトランプ現象へ	吉野孝・前嶋和弘 編著	二七〇〇円
ホワイトハウスの広報戦略 ―大統領のメッセージを国民に伝えるために	M・J・クマー 著／吉牟田剛 訳	二八〇〇円
「帝国」の国際政治学 ―冷戦後の国際システムとアメリカ	山本吉宣	四七〇〇円
アメリカの介入政策と米州秩序 ―複雑システムとしての国際政治	草野大希	五四〇〇円
現代アメリカのガン・ポリティクス	鵜浦裕	二〇〇〇円
国際共生と広義の安全保障	黒澤満 編	二〇〇〇円
国際共生とは何か ―平和で公正な社会へ	黒澤満 編	一八〇〇円
国際関係入門 ―共生の観点から	黒澤満 編	二六〇〇円
暴走するアメリカ大学スポーツの経済学	宮田由紀夫	三二〇〇円
グローバル化と地域金融	内田真人・福光寛 編著	二六〇〇円
現代国際協力論 ―学融合による社会科学の試み	柳田辰雄 編著	三二〇〇円
揺らぐ国際システムの中の日本	柳田辰雄 編著	二〇〇〇円
貨幣ゲームの政治経済学	柳田辰雄	二〇〇〇円
相対覇権国家システム安定化論 ―東アジア統合の行方	柳田辰雄	二四〇〇円

※定価：表示価格（本体）＋税　〒113-0023　東京都文京区向丘1-20-6　TEL 03-3818-5521　FAX03-3818-5514
Email tk203444@fsinet.or.jp　URL:http://www.toshindo-pub.com/